Traumdeutung für Anfänger - Das Praxisbuch

Wie Sie Traumsymbole leicht erkennen, Ihre Träume endlich verstehen und jegliche Albträume loswerden – inklusive Traumlexikon, Traumreise & Luzides Träumen

Annika Lameyer

ISBN: 978-3-969306703

Email: info@edition-lunerion.de
www.edition-lunerion.de

Psiana eCom UG
Berumer Str. 44
26844 Jemgum

INHALT

Vorwort

Liebe Leserin und lieber Leser,

wachst du manchmal morgens auf und hast das Gefühl, gerade aus einer verrückten Parallelwelt aufgetaucht zu sein? Tauchen bestimmte Motive in deinem Traumleben immer wieder auf oder wirst du von Albträumen geplagt? Und hast du das Gefühl, dass die Bilder kein Zufallsprodukt sind, sondern eine tiefere Bedeutung haben?

Damit liegst du absolut richtig – und die Traumdeutung kann dir dabei helfen, die mysteriös scheinenden Botschaften deines Unterbewusstseins zu verstehen. Die Faszination der nächtlichen Filme im Gehirn ist so alt wie die Menschheit und während in früheren Zeiten Schamanen oder Magier mit ihrer Deutung beauftragt wurden, beschäftigen sich mittlerweile längst Psychologen und Mediziner mit dem Phänomen des Träumens und haben allerhand Entscheidendes herausgefunden.

In diesem Buch findest du nun sowohl die neuesten Erkenntnisse aus Schlaf- und Traumforschung als auch umfassende Techniken, um sich selbst effektiv mit deinem Traumleben auseinanderzusetzen. Mach dich mit verschiedenen Ansätzen der Traumdeutung vertraut, gehe mit einem Selbsttest deinen Träumen auf den Grund und profitiere von konkreten Hilfestrategien gegen Albträume. Das scheint dir vage und spirituell? Ganz und gar nicht! Symbole und Techniken orientieren sich an wissenschaftlich entwickelten Kriterien und sind ganz einfach für jedermann umsetzbar. Also tauche ein in das spannende Paralleluniversum in deinem Gehirn und entdecke ungeahnte Seiten an dir!

Traumdeutung leicht gemacht

Dieses Buch der Traumdeutung und der Traumsymbole bietet dir alle wichtigen Hintergrundinformationen, Tipps und Tricks rund um die Welt der Träume. Die einzelnen Thematiken sind so detailliert untergliedert, dass sie dich Schritt für Schritt näher in die Traumwelt eintauchen lassen. Durch die zugängliche Themenaufbereitung wirst du ganz genau lernen, wie du deine eigenen Träume am besten deuten und interpretieren kannst und was dir deine Traumsymbole und die wiederkehrenden Muster sagen wollen.

Die Welt der Träume ist unendlich groß und es gibt viel zu sehen und zu lernen. Im ersten Teil des Buches werden dir zunächst die Grundlagen der Träume nähergebracht und du wirst erfahren, warum wir überhaupt träumen, wann unsere Träume stattfinden und warum sich einige von ihnen so real anfühlen. Im Anschluss tauchst du tiefer in die Psyche des Menschen ein und lernst, warum unsere Träume der Spiegel unserer Seele sind. Dabei nimmt dich dieses Buch auf eine detaillierte Reise durch die Traumdeutung mit und übermittelt dir alles Wissen rund um die allgemeine Symbolik sowie die archetypische Symbolik deiner Träume.

Der praxisbezogene Teil der Traumdeutung hilft dir, zu verstehen, was dir deine Träume sagen wollen und wie du dein Traum-Ich wahrnehmen und beschreiben kannst. Deine Träume senden dir versteckte Botschaften, die du anhand des umfangreichen Traumlexikons deuten und entschlüsseln kannst. Außerdem findest du im Erste-Hilfe-Kit wichtige Tipps und Tricks, die du bei wiederkehrenden Albträumen anwenden kannst. Im Zuge dessen wird auch die Methode des luziden Träumens erläutert, die dir ermöglicht, deine Träume aktiv zu beeinflussen und zu steuern.

Wenn du offen gegenüber den verschiedenen Methoden der Traumdeutung bist, wird es dir gelingen, ganz tief in die Welt der Träume einzutauchen, sodass du die nächtlichen Filme in deinem Kopf besser verstehen kannst. Seit Menschengedenken faszinieren uns die Themen Traum, Traumdeutung und Traumsymbolik und nicht ohne Grund haben sich zahlreiche Menschen dieser Thematik verschrieben. Denn die Zukunft gehört all denen, die an die Wahrhaftigkeit ihrer Träume glauben.

Die Welt der Träume

WARUM TRÄUMEN WIR ÜBERHAUPT?

Im Traum kämpfen die einen Menschen gegen furchteinflößende Monster oder jagen Verbrechern*innen nach, während andere auf einem langersehnten Date sind oder einen leckeren Schokoladenkuchen verspeisen. Jeder Mensch träumt im Schlaf und im Traum ist alles möglich. Auch wenn einige Träume am Morgen schnell verblassen mögen, können wir uns trotzdem an einige Geschichten aus dem Schlaf erinnern. Nur selten wird uns hingegen im Traum bewusst, dass wir eigentlich träumen und gar nicht wach sind. Doch was passiert dabei genau in unserem Gehirn und warum träumen wir überhaupt?

Das Träumen ist definiert als unser subjektives Erleben während des Schlafens. Die größte Schwierigkeit besteht dabei darin, dass wir dieses subjektive Erleben nicht direkt greifen können. Das Einzige, das uns bleibt, ist die Rückerinnerung, die wir an unsere Träume haben, nachdem wir aufgewacht sind. Genauso wie im Wachzustand schaltet sich dieses subjektive Erleben jedoch nicht aus. Weckt man Menschen wiederholt während des Schlafens oder beim Einschlafen auf, berichten sie beinahe immer von Fetzen ihrer Träume. Das Problem ist aber, dass man mit dem*der Träumenden nicht direkt kommunizieren kann, weshalb er*sie erst nach dem Aufwachen vom Traum erzählen kann. Jetzt ist es nicht immer leicht, sich den Traum unverfälscht und konkret ins Gedächtnis zu rufen. Das stellt insbesondere Schlafforscher*innen vor eine echte Herausforderung, die nun auf andere Arten versuchen müssen, eine Antwort auf die Frage zu finden, warum wir eigentlich träumen.

Schlafforschern und Schlafforscherinnen ist es bis heute immer noch nicht gelungen, zu 100 Prozent zu klären, welche Funktion Träume eigentlich haben. Einige Wissenschaftler*innen glauben, dass Träume in erster Linie dafür da sind, dass wir im wachen Zustand erworbenes Wissen und neue Erfahrungen verarbeiten können. Demnach durchleben wir beim Träumen wichtige Dinge erneut, um diese dann mit alter Information zu vermischen und in unserem Gedächtnis besser verankern zu können. Tatsächlich konnte die Forschung nachweisen, dass unser Gedächtnis im Schlaf aktiv wird und vor kurzem Erlerntes währenddessen gefestigt wird. Inwiefern Träume aber tatsächlich dazu beitragen, dass wir uns Neues besser und langfristiger merken können, konnte bislang noch nicht entschlüsselt werden. Grundsätzlich werden Ereignisse im Traum umso eher thematisiert, je frischer sie sind. Dabei tauchen sowohl angenehme Erlebnisse als auch Konflikte in unseren Träumen auf. Auch uns bekannte Personen finden einen Weg in unsere Träume und wir durchleben unsere Beziehungen zu ihnen erneut. Typisch ist zudem, dass die Orte und die Zeiten in unseren Traumsituationen stark von unserem realen Leben abweichen oder sogar unbestimmt bleiben.

Einige Wissenschaftler*innen gehen sogar noch einen Schritt weiter und vermuten, dass unser Gehirn während des Träumens neue Verbindungen zwischen Emotionen und Erfahrungen herstellt und diese abspeichert. Eine Studie aus den USA konnte zeigen, dass die Menschen, die beim Schlafen oftmals von ihrem*r Partner*in träumten, besser mit Problemen innerhalb der Beziehung umgehen und schneller gute Lösungen finden konnten als die Menschen, die nicht vom Partner bzw. der Partnerin träumten. Ob Träume aber tatsächlich einen so großen Einfluss auf die Problembewältigung haben, konnte bislang noch nicht bewiesen werden.

Eine andere Theorie besagt, dass wir uns im Traum in erster Linie viel mehr auf eine neue Situation vorbereiten, als Erlebtes aufzuarbeiten. Für diesen Ansatz spricht vor allem die Tatsache, dass wir sehr oft von Negativem träumen. Verschiedene Studien konnten belegen, dass sich mehr als die Hälfte unserer Träume um bedrohliche Ereignisse und Gedanken dreht. Viele Wissenschaftler*innen glauben, dass uns schlechte Träume auf die Situationen vorbereiten, vor denen wir uns fürchten, um eben diese gefährliche Lage das nächste Mal umgehen zu können. Deshalb spielen wir unsere Handlungsoptionen quasi schon einmal durch, um uns darauf vorzubereiten, falls wir tatsächlich in die von uns gefürchtete Lage kommen sollten.

Menschen haben schon immer versucht, Träume zu deuten. Nach den Erkenntnissen des Begründers der modernen Traumforschung, Sigmund Freud, wird jeder Traum von Tageserlebnissen, Kindheitserinnerungen, verschiedenen Sinneseindrücken, momentanen Wünschen sowie verdrängten Konflikten beeinflusst. Seine Traumdeutung betrachtet Träume daher als eine Art Bilderrätsel, das uns den Weg zu unserem eigenen Unbewussten weist. Auf der anderen Seite erarbeiteten andere Psychologen, wie Carl Gustav Jung, eigene Regeln und Methoden zur Traumdeutung, die in nachfolgenden Kapiteln umrissen werden. Grundsätzlich lässt sich wissenschaftlich jedoch nicht beweisen, dass die Traumdeutung eine psychotherapeutische Wirkung hat und damit einen Zugang zum Unterbewusstsein aufweist. Aus diesem Grund ist ihr Einsatz auch nach wie vor umstritten.

Die neurobiologische Traumforschung konnte dennoch nachweisen, dass wir in jeder einzelnen Schlafphase träumen, wobei unsere Träume während der REM-Phase am häufigsten auftreten. Damit einher geht eine der bis dato wichtigsten wissenschaftlichen Erkenntnisse, nämlich dass es verschiedene Schlafphasen gibt, die wir jede Nacht aufs Neue durchleben. Während der verschiedenen Schlafphasen wechseln sich die Leichtschlafphasen mit den Tiefschlafphasen ab, aus denen man nur sehr schwer zu wecken ist. Die Länge der einzelnen Schlafphasen nimmt außerdem gegen Ende des Schlafes ab.

Die **Einschlafphase (N1)** umfasst den Zeitraum, in dem sich Müdigkeit in Schlaf wandelt. Diese Phase dauert bei einigen Menschen nicht einmal fünf Minuten, wohingegen sie sich für andere viel länger ziehen kann. Beim Einschlafen treten manchmal leichte Zuckungen auf, die ein Zeichen für die zunehmende Körperentspannung sind. Während der Einschlafphase ist der Schlaf sehr leicht und in gewissem Maße zeigt die Muskulatur noch Anspannung. Beim Schlafenden bzw. bei der Schlafenden können darüber hinaus langsame, rollende Augenbewegungen festgestellt werden. Die messbare Gehirnaktivität im EEG wechselt außerdem von den sogenannten Alpha-Wellen zu den Theta-Wellen, welche eine langsamere Frequenz besitzen.

Die **Leichtschlafphase (N2)** markiert sowohl den Übergang zwischen dem Tiefschlaf und der REM-Phase als auch zwischen dem Tiefschlaf und dem Wachzustand. Während des Leichtschlafs werden die Glieder schwer, die Muskeln entspannen sich, die Atmung und der Puls stimmen sich aufeinander ab und die Körpertemperatur sinkt. Augenbewegungen sind während dieser Phase nicht nachweisbar. Neben den Theta-Wellen sind im EEG weitere Gehirnströme erkennbar, welche als K-Komplexe und als Schlaf-Spindeln bezeichnet werden.

In der **Tiefschlafphase (N3)** werden alle Körperfunktionen gedrosselt, die Körpertemperatur sinkt weiter ab und die Regenerationsmechanismen dominieren. Auch die Atmung und der Puls verlangsamen sich zunehmend. Die Augäpfel sind während des Tiefschlafs komplett ruhig und die Zellreparatur wird aktiv. Dabei verrichten die Wachstumshormone, die beim Aufbau der Zellen eine wichtige Rolle spielen, jede Nacht unverzichtbare Reparaturarbeiten am Gewebe. Die Muskulatur wird immer entspannter, der Herzschlag verlangsamt sich und der Blutdruck fällt ab, währenddessen ist das Immunsystem besonders aktiv. Im Stadium des Tiefschlafes kann es außerdem zum Zähneknirschen oder zum Schlafwandeln kommen. Im EEG werden besonders die sehr langsamen Delta-Wellen sichtbar und diese sind ein Zeichen für einen tiefen Schlaf. Diese drei Phasen werden auch als **Non-REM-Schlaf** bezeichnet. Hieran knüpft die **REM-Phase**, der **Traumschlaf**, an.

Im Traumschlaf ist der Körper zwar vollkommen entspannt, das Gehirn arbeitet jedoch auf Hochtouren. Wurde der Traumschlaf früher noch als paradoxe Schlafphase bezeichnet, leitet sich der heutige Name von den in diesem Zeitraum beobachtbaren schnellen Augenbewegungen, den rapid eye movements, ab. Bildgebende Verfahren zeigen während der REM-Phase starke Aktivitäten in den Hirnarealen, die mit dem Langzeitgedächtnis verknüpft sind. Das lässt darauf schließen, dass die Tagesereignisse während dieser Phase im Gedächtnis verknüpft werden. Schlafende sind aus der REM-Phase noch schwieriger zu wecken als aus der Tiefschlafphase. Bedingt wird das durch die verminderte Muskelspannung und dem Ausblenden jeglicher externer Reize. Forscher*innen erklären dieses Phänomen damit, dass die Informationsverarbeitung, die in dieser Schlafphase stattfindet, möglichst ungestört vonstatten laufen soll. Die Außenwelt wird nur wenig wahrgenommen, wodurch verhindert werden soll, dass sowohl neue Empfindungen als auch neue Signale von außen eindringen können. Zudem hat sich während verschiedener Studien gezeigt, dass das Gehirn innerhalb der REM-Phase kreativ ist. Im Vorfeld gestellte Probleme können kurz nach dem Schlaf mit einer REM-Phase wesentlich besser gelöst werden. Während der REM-Phase bewegen sich die Augen ganz schnell von links nach rechts, was auch durch die geschlossenen Lider gut erkennbar ist. Die Muskelaktivität ist zwar stark vermindert, jedoch können einige Muskeln unwillkürlich zucken. Die Atemzüge sind tiefer und die Atemfrequenz ist erhöht. Im EEG sind sowohl die Alpha- und Beta-Wellen mit höherer Frequenz als auch die Theta-Wellen, die niedrig frequentiert sind, erkennbar. Innerhalb dieser Phasen finden die bildhaftesten und intensivsten Träume statt, an die wir uns beim Aufwachen am öftesten erinnern können.

Die einzelnen Schlafphasen werden während des Schlafens in einer charakteristischen Abfolge durchlaufen. Nach dem Stadium N1, der Einschlafphase, treten meistens mehrere Phasen leichten Schlafes, Stadium N2, und die Tiefschlafphase, Stadium N3, auf. Im Anschluss beendet die REM-Schlafphase den jeweiligen Zyklus. Ein Zyklus hat eine ungefähre Dauer von 90 bis 110 Minuten. Pro Nacht wird dieser Zyklus dann vier bis sieben Mal durchlaufen.

Für unsere Erholung sind insbesondere die ersten beiden Schlafzyklen essenziell, weshalb diese auch als **Kernschlaf** bezeichnet werden. Die Zyklen, die auf den Kernschlaf folgen, heißen dagegen **Optionalschlaf** oder **Füllschlaf.** Um die einzelnen Abläufe während des Träumens zu verstehen, muss man sich von diesen in der Psyche ein Bild machen. Den seelischen Apparat kann man sich dabei modellhaft wie eine Schachtel vorstellen, die zwei Öffnungen hat. Die eine Öffnung empfängt Wahrnehmungen, während die andere diese an das motorische System weiterleitet. Innerhalb der Schachtel werden die eintretenden Wahrnehmungen dann in Erinnerungsspuren umgewandelt, welche in mehreren nachgeordneten Systemen aufbewahrt werden. Am Systemende findet sich das Vorbewusste wieder. Dieses leitet Informationen des vorgelagerten Systems nach einer Prüfung oder aber auch nach einer Zensur an das Bewusstsein weiter. Zwischen dem Vorbewusstsein und den Erinnerungsspuren vermutet man das Unbewusste, wo Träume Gestalt annehmen und versuchen, sich über das Vorbewusste in das Bewusstsein zu schieben.

Träume sind *regressiv.* Das bedeutet, dass sie rückwärtsgewandt sind und Erinnerungen aus den frühesten Kindheitstagen heranziehen und dadurch das Ausleben von Kindheitswünschen darstellen. Hierbei handelt es sich um Wünsche, die irgendwann mal verdrängt wurden und sich somit entweder in Neurosen äußern oder aus dem Bewusstsein ausgesperrt wurden. Um die Ursache solcher seelischen Krankheiten aufzuspüren, kann die Traumdeutung sehr hilfreich sein. Auch wenn noch keine Theorie zur Funktion des Träumens bewiesen ist, ist sicher, dass wir etwa ein Drittel unseres Lebens schlafend verbringen. Deshalb wird mit Sicherheit auch noch ausgiebig Forschung zu den Hintergründen des Träumens betrieben werden.

WANN FINDEN TRÄUME EIGENTLICH STATT?

Die einzelnen Schlafstadien unterscheiden sich deutlich in ihren physiologischen Merkmalen voneinander. Aus diesem Grund liegt es nahe, dass man dementsprechend auch von unterschiedlichen Arten von Träumen ausgehen kann. Nehmen wir an, dass sich die physiologischen Abläufe von Träumen jeweils wechselseitig zu gewissen psychischen Phänomenen verhalten, müssten sich Träume auch, beispielsweise hinsichtlich ihrer Ausdrucksqualität und in ihrer Struktur, je nach Schlafstadium unterscheiden. Die Einschlafphase eignet sich besonders gut, um Veränderungen unserer Bewusstseinsabläufe zu untersuchen, denn wir können auftretende Phänomene beim Einschlafen noch bis zu einem bestimmten Zeitpunkt registrieren und nachverfolgen. Im EEG sieht man, dass sich die Hirnwellen zunehmend verlangsamen, sich der Muskeltonus vermindert und die Augenbewegungen abnehmen. Mit Voranschreiten dieses Prozesses können traumähnliche Erlebnisse eintreten. Dabei können vor unserem inneren Auge abstrakte Bilder entstehen, weil unser Gehirn, das im Moment nicht von äußeren Reizen stimuliert ist, weiterhin eigene visuelle Daten verarbeitet. Während des Einschlafens ist die Großhirnrinde zwar noch aktiviert, wird aber bereits von externen Informationen abgeschnitten. Szenarien und Sinneseindrücke werden aus unserem Gedächtnis erzeugt und konstruiert. Dabei schleichen sich oftmals auch Wachgedanken in unser Einschlaferleben ein. Damit kann der häufig traumhafte Charakter unseres Geistes beim Einschlafen erklärt werden.

Die traumähnlichen Sequenzen, die dann entstehen, sind jedoch weder so anhaltend noch so intensiv wie die Träume, die wir während des REM-Schlafes haben. Untersuchungen haben gezeigt, dass man in circa der Hälfte aller Fälle einen Bericht ohne geistigen Inhalt erhält, wenn man Versuchspersonen aus einer Non-REM-Schlafphase weckt. Bei rund vierzig Prozent der Versuchspersonen konnte man einen gedankenähnlichen Inhalt feststellen und nur bei den übrigen zehn Prozent konnte man Träume mit Handlungsstrukturen und fantasievollen Bildfolgen nachweisen, die aber weniger bizarr und kürzer waren als die Traumerzählungen aus dem REM-Schlaf. Den anteilig längsten Non-REM-Schlaf erleben wir in der Regel in den ersten beiden Schlafzyklen pro Nacht. Dann ist unser Schlaf am tiefsten und es findet die geringste geistige Aktivität statt. Erst wenn sich die Nacht dem Ende zuneigt, steigt der Aktivierungsgrad in unserem Gehirn wieder an. Dadurch werden auch die REM-Phasen und somit auch unsere Traumberichte länger.

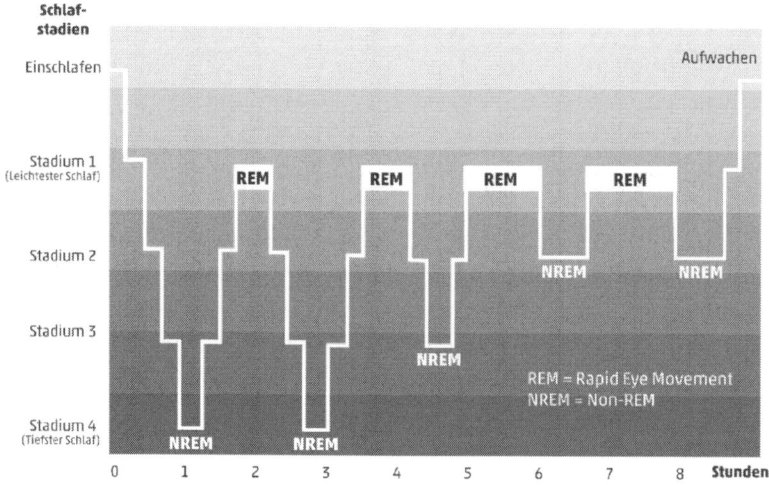

Grundsätzlich ist also der Non-REM-Schlaf der Zustand, in dem wir am wenigsten aktiv sind, und das Wachsein der Zustand, in dem wir am stärksten aktiv sind. Der REM-Schlaf – der Traumschlaf – liegt irgendwo dazwischen. Generell träumen wir zwar in jeder einzelnen Schlafphase, doch nicht jedes Schlafstadium ist für das nachträgliche Wahrnehmen von Träumen gleich gut geeignet. Am besten können wir uns an unseren Traum zurückerinnern, wenn wir aktiv aus einer REM-Phase aufwachen. Auch wenn bei durchgeführten Untersuchungen nicht jede Weckung aus dem REM-Schlaf einen anschließenden Traumbericht versprach, konnte trotz dessen ein deutlicher Zusammenhang dieses Stadiums im Hinblick auf eine Traumerinnerung und seiner Nähe zum Wachsein gezeigt werden. Nach dem Erwachen aus dem REM-Schlaf sind die Traumerzählungen länger, so gut wie immer bizarrer und weisen eine größere Vielfalt unterschiedlicher Handlungsstrukturen und Emotionen auf als die Traumerzählungen, die nach dem Erwachen aus dem Non-REM-Schlaf erzählt werden.

Wollen wir uns an unsere Träume erinnern, greifen wir vom Wachzustand auf die Erlebnisse, die sich in einem anderen Bewusstseinszustand ereignet haben, zurück. Aus diesem Grund ist der Übergang zwischen diesen beiden Zuständen des Bewusstseins je fließender durchzuführen, umso näher der Traumzustand dem Wachzustand ist. Und der REM-Schlaf, inklusive seiner erkennbaren

Phasen der Aktivierung, ist dem Wachzustand um einiges näher als der Tiefschlaf. Deshalb können wir uns an Träume aus dem REM-Schlaf viel besser erinnern und das nicht nur, weil sie aus den Phasen stammen, die dem Wachsein näher sind, sondern auch, weil sie einfacher zugänglich sind. Auch aus physiologischer Perspektive fällt uns die Traumerinnerung aus dem aktivierten REM-Schlaf leichter, weil in dem Moment, in dem wir erwachen, ein Zustrom gewisser Neurotransmitter, die während des REM-Schlafes vorrübergehend unterbrochen werden, wieder einsetzt. Diese werden wiederum von unserem Gehirn benötigt, um die gespeicherten Informationen von unserem Kurzzeitgedächtnis in unser Langzeitgedächtnis weiterzugeben. Ist dann die Traumsequenz im aktivierten Neuronetz in dem Moment, in dem wir erwachen, verschlüsselt, können wir uns auch daran erinnern.

Doch der REM-Schlaf hebt sich nicht nur von allen anderen Stadien ab, sondern ist auch in seinen physiologischen Abläufen variabel. Wenn sich beispielsweise die Phasen der Augenruhe mit den Phasen der Augenbewegungen abwechseln, können entweder Puls und Atmung schwankende Messwerte aufzeigen oder auch vereinzelte Muskelzuckungen auftreten. Untersuchungen verraten, dass sich Träume und wahrscheinlich auch die geistige Aktivität allgemein innerhalb der REM-Periode immer dann intensivieren, wenn ein Zustand der Erregung in motorischen, visuellen oder anderen Systemen beobachtbar ist.

Zudem konnte eine weitere Parallele zwischen der Physiologie des Traumes und dem geistigen Zustand beispielsweise auch in der Länge des Traumes nachgewiesen werden. Je länger eine REM-Periode andauert, desto länger ist meistens auch der Traumbericht von Versuchspersonen im Nachhinein.

Untersucht man nun jedoch die Schlafprofile von Menschen, die von einer geringeren Anzahl an Träumen berichten als andere, stellt man fest, dass sich diese nicht von den Menschen unterscheiden, die sich an ihre Träume regelmäßig erinnern können. Das bedeutet, dass ihr Schlafprofil dieselbe Abfolge an Schlafphasen umfasst, wie das Profil der Menschen, die sich an ihre Träume erinnern. Demzufolge scheint der physiologische Aspekt des REM-Schlafs nicht hinreichend ausschlaggebend zu sein, um sich an Träume zu erinnern. Es müssen also noch andere, eher psychologische Faktoren beachtet werden. Die Situation des Traumes oder auch des Träumers bzw. der Träumerin selbst könnten wohl möglich beeinflussen, inwiefern das Erlebnis des Traumes am folgenden Tag noch zugänglich ist. Damit legen die unterschiedlichen Traumerinnerungen die Basis für die Frage, inwieweit Menschen unterschiedlich denken und inwiefern sich ihr Gefühlsleben und ihr Gedächtnis voneinander unterscheiden.

Man könnte annehmen, dass Menschen, die sich häufig an ihre Träume erinnern, eher gefühlsbetont und fantasievoll sind, wohingegen Menschen, die sich eher selten an ihre Träume erinnern, praktischer und sachlicher veranlagt sind. Letzen Endes sind diese Aspekte jedoch allein nicht ausschlaggebend, sondern es ist eher die allgemeine Einstellung von Menschen dem Träumen gegenüber, die eine Rolle spielt. Unsere Traumerinnerung fördern wir, indem wir zum Beispiel eine positive Einstellung dem Traum gegenüber haben. Denn lehnen wir unsere Träume von vornherein ab oder sind diese uns gleichgültig, wird unsere Traumerinnerung eher gehemmt. Bisherige Untersuchungen konnten aufzeigen, dass allein die intensive Traumbeschäftigung, beispielsweise durch das Führen eines Traumtagebuchs, hilft, dass sich vermeintlich nichtträumende Menschen besser an ihre Träume erinnern können.

Grundsätzlich ist am Morgen unser Erinnerungsvermögen an unseren Traum von letzter Nacht viel höher, als wenn man mitten in der Nacht aufwacht. Schlussendlich ist aber auch die Qualität unseres Traumes dafür ausschlaggebend, wie stark er sich in unserem Gedächtnis verankert. Denn prägnante Träume bleiben natürlich viel besser in Erinnerung als schwache Träume.

Schon lange beschäftigt sich die Traumforschung sehr ausgiebig mit der Traumerinnerung, weil die Verbindung zwischen dem Wachsein und dem Traum die einzige Möglichkeit ist, unseren Träumen näher zu kommen. Traumerinnerungen mögen zunächst erst einmal unberechenbar scheinen, da sie für eine Handvoll Menschen eine beinahe tägliche Erfahrung sind, wohingegen sie bei anderen Menschen eher selten vorkommen. Eine vollkommen eindeutige Zuordnung von Träumen zu den verschiedenen Schlafstadien kann nicht gesichert werden, da Träume aus der Einschlafphase, Träume aus den Non-REM-Stadien sowie Träume aus dem REM-Schlaf zwar spezifische Wichtungen in ihren qualitativen und formalen Charakteristiken haben, sie sich aber auch immer wieder überschneiden. Sicher ist jedoch, dass wir meistens mehr träumen, als wir uns erinnern können, denn Träume prägen sich häufig nur flüchtig ins Gedächtnis ein und werden anschließend wieder leicht vergessen.

WARUM FÜHLEN SICH MANCHE TRÄUME SO REAL AN?

Manche Träume wirken so real, dass wir uns nach dem Aufwachen manchmal gar nicht sicher sind, ob wir nur geträumt haben oder die Erlebnisse in Wirklichkeit geschehen sind. Immer, wenn wir träumen, denken wir, dass wir wach sind. Wir nehmen also die Erlebnisse unseres Traumes genauso wie unser Wacherleben wahr. Erst, wenn wir aus unserem Schlaf erwachen und unseren Traum im Nachhinein betrachten, wird uns bewusst, dass es nur ein Traum und nicht die Wirklichkeit war. Doch träumt man etwas, das auch tatsächlich passieren kann – ist unser Traum also sehr realistisch –, brauchen wir nach dem Aufwachen manchmal auch eine ganze Weile, um zu verstehen, dass wir tatsächlich nur geträumt haben.

Träumen wir, dass wir von furchteinflößenden Monstern verfolgt werden, sagt uns unser logischer Verstand, dass das nicht möglich ist. Doch finden unsere Träume in einem realistischen Umfeld statt, wird es für uns schwierig, zwischen Traum und Wirklichkeit zu unterscheiden. Spielt sich das geträumte Szenario also beispielsweise im eigenen Haus ab, wird der Unterschied zwischen Wachsein und Träumen für uns viel schwieriger.

Meistens träumen wir von Dingen, die uns tagsüber beschäftigen. Im Traum werden diese Themen jedoch nicht eins-zu-eins wiederholt, denn der Traum ist viel kreativer. Im Traum vermischen sich neue Erfahrungen mit alten Erlebnissen und auch fantasievolle Neuschöpfungen treten nicht selten auf. Häufig hört man die Redewendung, „Kneif mich mal, damit ich weiß, ob ich träume oder nicht", dabei ist das eigentlich keine gute Idee. Wissenschaftler*innen haben in einem Schlaflabor in Mannheim Versuche durchgeführt, bei denen sich herausgestellt hat, dass wir Menschen auch im Traum Schmerzen empfinden können und es demnach keinen Unterschied zur Wirklichkeit gibt. Ob man träumt oder nicht, merkt man einzig und allein am Inhalt des Traumes.

Britische Wissenschaftler*innen von der Universität in Befordshire konnten zudem feststellen, dass unsere Träume im Verlauf der Nacht zunehmend bizarrer werden. Kurz bevor wir aufwachen, durchleben wir ein regelrechtes kreatives Feuerwerk, bei dem unsere Traumerlebnisse immer surrealer werden und mit der Realität nicht mehr viel zu tun haben. Dabei schlagen nicht nur die Ereignisse Purzelbäume, sondern auch die Emotionen begeben sich auf eine Achterbahnfahrt. In den späten REM-Phasen fühlen wir eine große Bandbreite an Emotionen

– ob Lust, Freude, Trauer oder Angst, das Geträumte fühlt sich wirklich real an. Beim Schlafen bekommt unser Gehirn keine Sinneseindrücke von unseren Augen vermittelt, wodurch bizarre Traumbilder entstehen. Während der REM-Phasen ist der Teil des Gehirns, der für die Vernunft und das logische Denken verantwortlich ist, inaktiv. Der Teil, der für unser Denkvermögen zuständig ist und uns darauf hinweist, dass etwas eigentlich nicht so sein kann, ruht also während dieser Phasen. Demgegenüber ist das limbische System, das unsere Emotionen verarbeitet, sehr aktiv. Ganz gleich, ob die Erlebnisse im Traum bizarr oder realistisch sind, können sie in jedem Fall von intensiven Emotionen begleitet werden.

Der Motor eines jeden Traumes sind immer die starken Gefühle des*der Träumenden, wobei diese jedoch kein Eins-zu-Eins-Abbild der erlebten Ereignisse sind. Einige Wissenschaftler*innen behaupten, dass Träume unsere Gefühle in Bewegtbildern darstellen, wohingegen andere Psychoanalytiker*innen vermuten, dass sich unsere unterbewussten Wünsche und Triebe in unseren Träumen äußern und sie sich deshalb so echt anfühlen.

Während des Träumens fühlt man sich, als wäre man in einer anderen Welt, die unglaublich gut simuliert ist. Die einzige Ausnahme bildet hierbei der **Klartraum**, denn bei diesem ist man sich darüber bewusst, dass man eigentlich nur träumt. Jeder andere Traum fühlt sich dagegen real an.

Träume als Spiegel der Seele

DAS UNBEWUSSTE

In Anbetracht des Pluralismus von psychoanalytischen Theoriesystemen ist es nicht verwunderlich, dass wir zu einer so zentralen Konzeption wie dem Unbewussten viele unterschiedliche Auffassungen finden. Eine abschließende Antwort auf die Frage, was das Unbewusste eigentlich ist, gibt es nicht. Bekanntheit erlangte der Begriff des Unbewussten jedoch um 1900 herum durch die Psychoanalyse von Sigmund Freud. Freud betrachtete das Unbewusste als die eigentliche Kraft der menschlichen Seele. Für ihn war diese Kraft eher negativ und bedrohlich konnotiert, doch heutzutage hat das Unbewusste ein anderes Ansehen. Vielmehr gilt es heute als hilfreiche Unterstützung.

Vergleichen lässt sich das Unbewusste mit einem Schwamm, der konstant neue Sinneseindrücke und Informationen in sich aufsaugt. Dabei verändert es nicht nur unser Verhalten, sondern steuert dieses auch. Grundsätzlich geht man davon aus, dass das Unbewusste das menschliche Denken, Handeln und Fühlen dauerhaft bestimmt. Demnach geht unserem bewussten Dasein eine Vielzahl an unbewussten Prozessen voraus.

Der Begriff des Unbewussten beschränkte sich zunächst darauf, den Zustand vergessener oder verdrängter Inhalte zu bezeichnen. Für Freud war das Unbewusste grundsätzlich nichts weiter als ein Sammelort für diese vergessenen oder verdrängten Inhalte.

Veranschaulichen lässt sich das Unbewusste mit einem tiefen Brunnen. Die oberen Schichten des Brunnens liegen in der Nähe des Bewussten und die tieferen Schichten reichen bis weit in die unteren, dunklen Schichten des Geistes hinunter. Dabei geht man davon aus, dass unsere jüngeren Erfahrungen in den oberen Schichten, an der sogenannten **Bewusstseinsschwelle**, angesiedelt sind. Die Bewusstseinsschwelle ist die nicht genau definierbare Trennlinie zwischen dem Bewussten und dem Unbewussten. Unsere älteren Erfahrungen sickern im Laufe der Zeit jedoch tiefer in unsere Psyche. Zudem besteht zwischen dem Bewussten und dem Unbewussten ein fortlaufender Austausch, der immer hin und her geht. In unserem Brunnen sind all unsere gesammelten Erfahrungen und Eindrücke und all das, was wir gelernt haben, gespeichert. Bewusst oder unbewusst haben wir zu beinahe all diesen Inhalten Zugang und oftmals treten sie auch von ganz allein auf, ganz gleich, wie alt sie sein mögen. Außerdem übt unser Unbewusstes ständig Einfluss auf unser bewusstes Verhalten aus.

Eine oberflächliche Schicht des Unbewussten ist ohne Zweifel persönlich und wird als das **persönliche Unbewusste** bezeichnet. Es liegt auf einer tieferen Schicht. Diese entstammt nicht mehr persönlicher Erfahrung, sondern ist vielmehr angeboren. Diese tiefere Schicht wird **kollektives Unbewusstes** genannt. Sie wird als kollektiv bezeichnet, weil sie nicht individueller, sondern allgemeiner Natur ist. Das bedeutet, dass sie, anders als die persönliche Psyche, Verhaltensweisen und Inhalte aufweist, die in allen Individuen überall auf der Welt die gleichen sind. Dadurch bildet das kollektive Unbewusste in jedem Menschen ein allgemein vorhandenes, seelisches Fundament überpersönlicher Natur.

Die Inhalte des persönlichen Unbewussten sind primär gefühlsbetonte Komplexe. Sie machen die persönliche Intimität des seelischen Lebens aus. Im Kontrast dazu sind die Inhalte des kollektiven Unbewussten die **Archetypen**, zu denen noch eine Erklärungen folgen wird.

Das Unbewusste existiert nicht getrennt oder losgelöst von dem Bewussten, sondern ist auch bei vollem Bewusstsein vorhanden und funktioniert sowohl im Schlaf und im Traum als auch im hypnotischen Zustand, im Wachzustand oder während jeglicher anderer psychischer Unterbrechung bewusster Handlungen. Das Unbewusste schläft niemals gänzlich ein und man kann durchaus behaupten, dass es stets auf der Lauer liegt.

Darüber hinaus scheint es, als würde es einen relativ undefinierbaren Abschnitt zwischen dem Bewussten und dem Unbewussten geben. Dort springen unsere Gefühle, Gedanken, Reaktionen und Impulse aus dem Bewussten in unser Unbewusstes hinein und hinaus – und umgekehrt.

Alles, was wir erfahren haben oder was wir wissen, über das wir uns im Moment aber nicht bewusst sind, schlummert irgendwo verborgen im Unbewussten. Dazu zählen auch die Dinge, die wir unbewusst wahrnehmen. Es ist erstaunlich, was unser Unbewusstes alles konservieren kann. Denn es bewahrt nicht nur alle unsere persönlichen und vergangenen Erfahrungen auf, sondern sammelt auch immer wieder neue Erlebnisse und Eindrücke. All das, was jemals in unserem bewussten Bereich Gestalt angenommen hat, bestand davor schon im Unbewussten. Das Unbewusste enthält eine Vielzahl von undeutlichen Bildern, Gefühlen, Gedanken, Erfahrungen und Eindrücken, die unser Verhalten und unser Denken beeinflussen. Stell dir zum Beispiel jemanden vor, der aus dem Haus geht, um irgendwo hinzufahren. Von einem auf den anderen Moment vergisst er, was er machen wollte, fährt jedoch in die richtige Richtung los. Dabei wird er von seinem Unbewussten geleitet und plötzlich fällt ihm wieder ein, was er tun wollte.

Die wichtigsten Inhalte unseres bewussten und unseres unbewussten Geistes häufen sich mit der Zeit im Laufe unseres Lebens an. Genauso, wie wir körperlich wachsen, wachsen auch unser Bewusstsein und unser Unbewusstsein mit uns mit. Nicht alle, aber zumindest die meisten Inhalte unseres Unbewussten waren einmal bewusst. Sie gelangten über eine unserer bewussten Funktionen – Sinneswahrnehmung, Denken, Fühlen, Intuition – entweder in unsere Psyche oder in unseren Geist. Dafür, dass sie letzten Endes bewusst werden, gibt es zwei ganz wesentliche Gründe.

Durch das gute Funktionieren der uns mitgegebenen Anlagen werden unsere Wahrnehmungen, Gedanken und Eindrücke einerseits **eingelagert**, denn der bewusste Bereich unserer Psyche ist für diese Funktion lediglich in der Gegenwart zuständig. Andererseits kann unsere Psyche einige Informationen auch **verdrängen** und irgendwo tief in unserem Geist verstecken, da die Beschäftigung mit diesen Informationen sehr schmerzvoll wäre und Unruhe mit sich bringen würde. Doch der menschliche Geist schafft diese Dinge nicht einfach aus der Welt, je länger wir sie ignorieren. Denn je länger wir sie verdrängen, umso wahrscheinlicher ist es, dass sie uns Leid bereiten. Zum einen existieren sie natürlich weiter und zum anderen wachsen sie gleichzeitig auch an und verbreiten immer mehr Disharmonie. Sie machen sich bemerkbar und versuchen, sich irgendwie durchzusetzen, wie beispielsweise in unseren Träumen. Dadurch beeinflussen sie im wachen Zustand auch unser bewusstes Verhalten, zum Beispiel wissen wir in bestimmten Situationen intuitiv, wie wir handeln oder was wir tun müssen.

DIE ERFINDUNG DER TRAUMDEUTUNG

Die Traumdeutung wird auch **Oneirologie** genannt und bezeichnet die Handlungen und weltanschaulichen Konzepte, die hinter den Bildern, Gefühlen und Tätigkeiten, die wir im Traum erleben, jeweils eine ganz bestimmte und meistens auch sehr wichtige symbolische Bedeutung vermuten und diese methodisch zu deuten versuchen.

Träume sind Phänomene, die die Menschen in jeder Epoche der Geschichte gleichzeitig fasziniert und geängstigt haben. Die ältesten Schriften weisen darauf hin, dass die Chaldäer (babylonisches Volk) die ersten waren, die sich mit der Deutung von Träumen beschäftigt haben. Sie gründeten im Südwesten von Babylon einen kleinen Staat, in dem die älteste zurzeit bekannte Fassung der Traumdeutung in babylonischer Keilschrift geschrieben wurde. Diese Schriften sind unter dem Namen Gilgamesch-Epos bekannt und mindestens 4000 Jahre alt. In ihnen werden eine Vielzahl lebhafter Träume geschildert. Laut Überlieferungen begegnete Gilgamesch dem wichtigsten mesopotamischen Regen- und Wassergott Ea, der ihm die Träume zum Geschenk machte. Sie sollen Geheimbotschaften der Götter enthalten haben, sodass die Babylonier die Absichten der Götter deuten konnten.

Im Zuge der Schriftentwicklung begannen die Menschen, ihre Träume zu verschriftlichen und deren Deutungen niederzuschreiben. Bereits vor 4000 Jahren verfassten die Ägypter ein Buch über Traumdeutungen und Traumsymbole, damit die Menschen die Bedeutung ihrer Träume nachschlagen und verstehen konnten. Die verschiedenen Auslegungen der Träume wurden aus den Traumsymbolen geschlussfolgert. Daher entstammen die ältesten Traumbücher dem Alten Orient.

Das bis heute älteste bekannte Traumbuch ist der ägyptische Papyrus von 2000-1790 v. Chr. Dieser teilte die Träume jeweils nach der Gefolgschaft des Seth und der Gefolgschaft des Horus auf. Denn die Ägypter glaubten, dass Träume eine Kontaktmöglichkeit zu den Göttern seien und man ihnen im Traum selbst begegnen würde. Daher wurde die Traumdeutung in Ägypten auch zum Kult. Sie glaubten, dass der Gott Seth die schlechten Träume schickte, wohingegen die guten Träume vom Gott Horus kamen. Der Traum war für sie wie eine Art Vermittler zwischen der Welt und dem Jenseits und sie erhofften sich von ihren Treffen Heilung, Warnungen, Ratschläge und andere positive Erlebnisse.

Die Träume von als wichtig angesehenen Personen untersuchte man damals sehr gründlich und unterschied dabei zwischen heiligen Träumen, die gedeutet werden mussten, und gewöhnlichen Träumen, die gedeutet werden konnten. Der Serapistentempel in Ägypten (Memphis) war zum Beispiel eine Stätte für Suchende, die dort in ihren Träumen Antworten finden konnten.

Ein weiteres Zeugnis für die Deutung von Träumen des Alten Orients sind außerdem auch die Tontafeln von Ninive, die in der Bibliothek des assyrischen Königs Assurbanipal gefunden wurden und deshalb auch als Traumbuch des Assurbanipal bezeichnet werden. Auf den Tontafeln finden sich Aufzeichnungen von Traumtheorien dieser vergangenen Kulturen wieder. Sie zählen zu einer Bandbreite von Traumtheorien, die sich bis heute fortgesetzt haben.

Genau wie die Ägypter machten auch die Griechen die Traumdeutung zum Kult, die sie in den Tempeln des Heilgottes Asklepios praktizierten. Sie waren zudem die ersten Menschen, die die Traumdeutung zu uns nach Europa brachten. Aus den babylonischen und ägyptischen Kulturkreisen übernahmen sie all das, was ihnen als das Beste erschien. Darüber hinaus übernahmen sie auch von anderen Völkern – mit denen sie Handel betrieben – all das, was sie als wertvoll erachteten. Schon früh beschäftigten sich griechische Philosophen mit der Frage, wie sich Träume auf das Leben der Menschen auswirken. Da sie auf jedem Themengebiet nach Wissen strebten, verpflichteten sie sich zwangsläufig auch dem Phänomen des Träumens. Insbesondere befassten sie sich dabei mit der Frage danach, welche Bedeutung die Inhalte unserer Träume haben. Die Erklärungsmodelle, die sie sich ausdachten, um diese Frage zu beantworten, werden heutzutage als Traumdeutungen bezeichnet.

Es entwickelten sich verschiedene Theorien zum Träumen und man nahm an, dass Gott die Träume lenkte. Einige Naturvölker waren sogar der Auffassung, dass wir unseren Körper im Schlaf in einer Tiergestalt verlassen würden. Im 5. Jahrhundert vor Christus führte Heraklit die Anschauung ein, dass sich die Menschen während des Schlafens in ihre eigenen Innenwelten begeben. Platon sah Träume hingegen als eine seherische Kraft der Seele und Homer betrachtete den Traum als ein geflügeltes Wesen, welches uns göttliche Nachrichten überbringt. Der griechische Philosoph Demokrit vermutete sogar im All eine göttliche Botschaft, die den Traum über die Poren unserer Haut betritt. Den psychologischen Charakter von Träumen erkannte hingegen Aristoteles, der vermutete, dass Träume nicht von äußeren Umständen kämen, sondern nichts weiter als die Innensicht von Menschen seien. Aristoteles widersprach immer wieder der Ansicht, dass Träume eine göttliche Botschaft sind, und beschrieb den Traum vielmehr als eigenes Seelenleben im Schlaf. Daher verwundert es nicht, dass er den alten Anschauungen skeptisch gegenüberstand. Seiner Argumentation zur Folge könnten Träume keine göttlichen Botschaften sein, weil jeder Mensch träumt (nicht nur die Vernünftigen und Weisen). Er vertrat die Meinung, dass die Träume mit den Erlebnissen des Tages in direkter Verbindung stehen, und fand außerdem heraus, dass zum Beispiel schwache Sinnesreize beim Träumen besonders stark empfunden werden. Wird ein Körperteil leicht erwärmt, träumt man beispielsweise, dass man durch ein Feuer geht und die Hitze des Feuers spürt.

Im 2. Jahrhundert nach Christus sammelte Artimidoros Träume, die er in seinem fünfteiligen Werk Oneirokritikon niederlegte, zu dem noch heute viele Traumdeuter*innen Bezug herstellen. Zur gleichen Zeit verfasste auch Artemidor von Daldis fünf Bücher, die in Europa zur Grundlage der Traumdeutung wurden und dabei so gut wie alle Autoren und Autorinnen von Traumbüchern inspirierte. Sein Kerngedanke war, dass Träume eine Weiterführung der eigenen Tagesaktivitäten seien.

Der Prophet Mohammed hingegen besaß ganz im Geheimen heiliges Wissen über die Traumdeutung und konnte deshalb sowohl die offenen als auch die verborgenen Traumbotschaften verstehen. Da er, genau wie alle anderen Propheten auch, zum Schöpfer eine spirituelle Verbindung hatte, erlangte er sein Wissen direkt vom Erzengel Gabriel. Der Prophet Mohammed berichtete seinen Gefährten regelmäßig von seinen eigenen Träumen und fragte sie im Gegenzug über ihre eigenen aus. Im Gegensatz zu der bisherigen Herangehensweise an die Traumdeutung berücksichtigte er persönliche Merkmale der träumenden Person, wie die Herkunft oder das Alter, wodurch das Niveau der Traumdeutung viel fortschrittlicher und stärker angehoben wurde. Bislang waren tiefer gehende Deutungen nämlich gar nicht möglich. Prophet Mohammed gab kund, dass die Seele den Körper während des Schlafens verlässt, was dem*der Träumenden Einblicke in seine*ihre Vergangenheit sowie Zukunft ermöglicht.

Von den Aborigines aus Australien und den Indianerstämmen Amerikas ist bekannt, dass die beiden Völker die Deutungen von Träumen zur Vorhersehung und als sehr heilsame Methode einsetzten. Neben der Aufnahme und der Lösung von Konflikten durch den Verstand hatte die Befragung des Unbewussten bei diesen Völkern einen hohen Stellenwert.

Im Gegensatz dazu verdammte die Kirche im Mittelalter um das frühe 8. Jahrhundert herum den Traum kategorisch als Stimme des Teufels, bevor der Traum in der Epoche der Romantik, etwa Ende des 18. Jahrhunderts bis ins 19. Jahrhundert hinein, als Bild der Sehnsucht und Pfad der Verbundenheit mit den höheren Kräften der Natur wiederentdeckt wurde. Die Romantiker*innen beschrieben den Traum grundsätzlich als Fenster zur Gefühlswelt und zum Unbewussten, während die vernunftbetonten Aufklärer*innen Träume als Fantasiegebilde grundsätzlich ablehnten.

Der Naturwissenschaftler Sigmund Freud nahm die Idee Hippokrates, dass die Träume mit der Psyche der träumenden Person in Verbindung stehen, wieder auf und so erschien sein Werk "Die Traumdeutung" im Jahre 1900. In seinem Buch wollte er den Nachweis, dass jeder Traum ein sinnvolles und psychisches Gebilde ist, erbringen. Freud sah keinen Zweifel darin, dass sein Werk der Traumdeutung der richtige Weg zur Erkenntnis des Seelenlebens sei. Es gelang ihm, eine neue wirkungsvolle Disziplin der Psychoanalyse zu begründen, die im 20. Jahrhundert immer angesehener wurde. Sein Schüler, Carl Gustav Jung, betrachtete den Traum als Bild der Seele und war davon überzeugt, dass der Traum eine Äußerung des Unbewussten ist, der Wege aufzeigen kann, welche die Heilung der menschlichen Seele fördert. Freud und Jung gelten als Modernisierer der Traumdeutung, denn ihre Techniken zeigen deutliche Parallelen zu alten und bewährten Methoden der Traumdeutung, an denen sich bis heute insgesamt nicht viel verändert hat. Aus diesem Grund wurde ihnen in diesem Buch auch ein eigenes Kapitel gewidmet.

NEUES AUS DER TRAUM- UND SCHLAFFORSCHUNG

Tauchen wir nachts in die Traumwelt ab, geschehen häufig seltsame Dinge. Unser Gehirn vertauscht Orte, Zeit und Personen, nimmt uns auf eine Zeitreise mit oder erschafft Albtraumszenarien. Während des Träumens gelten die Regeln von Logik und Naturgesetzen nicht mehr. Sobald wir aus dem Schlaf erwachen, bleibt oftmals nichts weiter als eine subjektive Erinnerung an unser Traumerlebnis. Wie gerne würden Wissenschaftler und Wissenschaftlerinnen dieses Phänomen beobachten, doch wie sollen sie etwas messen, das sich nur im Kopf abspielt? Durch moderne Methoden der Hirnforschung ist es Psychologen, Psychologinnen und Neurowissenschaftlern und Neurowissenschaftlerinnen gelungen, sich an unsere Träume anzunähern. Insbesondere in den letzten Jahren baten viele Forscher und Forscherinnen hunderte Probanden und Probandinnen in die Schlaflabore, um sie mit Elektroden zu verkabeln und ihre Hirnwellen aufzuzeichnen, um sie dann mitten in der Nacht aus dem Schlaf zu wecken und ihre Erlebnisse festzuhalten.

Die Gehirnscans der Probanden und Probandinnen zeigen, welche Areale beim Schlafen aktiv sind und welche nicht. Seitdem ist bekannt, dass im Traum vor allem die Bereiche aktiv sind, die für das emotionale Empfinden, die Motorik und die visuelle Wahrnehmung verantwortlich sind. Im Gegensatz dazu findet in den Hirnarealen, die für höhere Denkleistungen – wie Orientierung, Verständnis und Aufmerksamkeit – zuständig sind, nur wenig Aktivität statt. Demnach werden unsere Träume also ganz allein von unseren Emotionen gelenkt, doch die Gehirnscans verraten noch mehr. An der Universität Kyoto in Japan ist es Wissenschaftlern und Wissenschaftlerinnen am Zentrum für Neuroinformatik gelungen, anhand von Hirnscans vollständige Traumszenen der schlafenden Personen abzulesen. Nachdem die Probanden und Probandinnen aus ihrem Schlaf erwacht sind, schilderten sie ihre im Schlaf erlebten Ereignisse und es zeigte sich, dass die im Vorfeld konstruierten Sequenzen mit mehr als der Hälfte der Fälle übereinstimmten. Um systematisch riesige Datenbanken zu füllen, sammeln Forscher und Forscherinnen auf der ganzen Welt Traumberichte. Bis dato existiert eine Vielzahl an verschiedenen Protokollen, die sich untersuchen und miteinander vergleichen lassen. Der Grundgedanke dahinter ist, dass einzelne Berichte eben nur Aufschluss über Einzelfälle geben, doch die Analyse von zehntausenden von Fällen ermöglicht viel allgemeinere Berichte – vor allem darüber, wie sich die eigene Persönlichkeit, die momentanen Lebensumstände und die Erfahrungen des Tages im Traum widerspiegeln, lassen sich nun zuverlässigere Aussagen treffen. Voraussetzung ist und bleibt jedoch, dass sich die Befragten auch an ihre Träume erinnern können.

Auch wenn wir am emotionalsten und intensivsten in der REM-Phase träumen, wandern die Traumgeschichten jedoch nur selten ins Langzeitgedächtnis, weil unser Gehirn, durch die chemische Zusammensetzung während des Schlafens, nur unzureichend aufnahmefähig ist. Oftmals denken wir, dass wir tagelang überhaupt nicht träumen würden, dabei können wir uns in Wahrheit einfach nicht daran erinnern.

Doch trotz der modernen Hirnforschung, den Messmethoden und den Datenbanken bleiben noch viele Aspekte der Traumforschung ungeklärt. Unsere nächtlichen Eingebungen sind einfach zu subjektiv und bleiben dadurch nicht nur uns, sondern auch den Forschern und Forscherinnen gegenüber verschlossen. Dabei gibt es jedoch eine Gruppe von Menschen, die der Wissenschaft hilft, unsere Träume besser zu verstehen und zu deuten: die Klarträumer.

Die Klarträumer sind sich während des Schlafens bewusst darüber, dass sie träumen, und können dadurch im Traum Entscheidungen treffen und diesen frei nach ihren Wünschen gestalten. Und das Phänomen des sogenannten **luziden Traumes** ist nicht einmal selten. Eine Studie des Traumforschers Professor Doktor Michael Schredl aus Mannheim fand heraus, dass fast jeder zweite Mensch in seinem Leben bereits einmal ein solches Erlebnis hatte. Der Neurowissenschaftler Martin Dresler führte dazu eine Studie durch, bei der eine Gruppe von klarträumenden Personen die linke Hand im Traum zu einer Faust ballen sollte. Den Anfang und das Ende des Traumes signalisierten sie, indem sie ihre Augen nach rechts und nach links drehten. Dresler konnte im Hirnscan sehen, dass die schlafenden Testpersonen dabei dieselben Regionen im Gehirn beanspruchten, wie beim Ballen der Faust.

Laut dem Psychologen und Psychoanalytiker Stephan Hau von der Universität Stockholm lasse sich der Traum als Schnittstelle zwischen der Neurowissenschaft, der Kognitionswissenschaft und der klinischen Forschung betrachten. Die experimentelle Traumforschung, die im Schlaflabor betrieben wird, sowie die Art und Weise der Traumdeutung in der Behandlung geben uns Aufschlüsse und Einblicke in die subjektive Erlebenswelt der Menschen. Um vor allem die Traumfunktionen und die inneren Möglichkeiten der Verarbeitung zu untersuchen, bieten sich insbesondere Albträume sehr gut an. Was sich anfänglich nur in klinischer Relation, anschließend aber auch in systematischen Studien zeigte, ist, dass es vielen Menschen gelingt, bedrohliche und angsteinflößende Trauminhalte im Schlaf so zu verarbeiten, dass sie mit der Zeit ihre Furcht verlieren. In diesem Zusammenhang setzte der US-amerikanische Traumforscher Ernest Hartmann den Traum mit der Funktion einer Psychotherapie oder -analyse gleich. Sowohl die Psychotherapie als auch die Psychoanalyse zielt darauf ab, Verknüpfungen in einem sicheren Rahmen zu schaffen. Dabei wird versucht, Vorstellungen, Erlebnisse und Inhalte, die nicht integrierbar sind, in den täglichen Lebenskontext einzubetten. Doch genau das gelingt den Menschen, die in ihrer Vergangenheit ein Trauma erlitten haben, häufig nicht. Vielmehr haben sie fragmentarische Gedankenfetzen, die gewissermaßen isoliert stehen, die eben nicht assimiliert werden können, über die sie nicht reden und von denen sie folglich auch nicht träumen können. Der kanadische Psychoanalytiker Joseph Fernando bezeichnete diesen eingefrorenen Zustand, der ein Trauma fortschreibt, als "**Zero Process**".

Stephan Hau beteiligte sich an einer Studie im Schlaflabor, in der anhand von zwei qualitativen Methoden die traumatischen Träume von Überlebenden der Balkankriege untersucht wurden. Dabei wurde eine Gruppe mit einer deutlichen posttraumatischen Belastungsstörung (PTBS) mit einer zweiten Gruppe verglichen, bei der kein Proband und keine Probandin PTBS-Symptome aufwies. Interessanterweise konnte Hau feststellen, dass die Teilnehmer*innen beider Gruppen ähnliche traumatisierende Erfahrungen erlebt haben.

Für die Studie befanden sich die Probanden und Probandinnen für zwei Nächte im Schlaflabor, in dem sie mit dem EEG beobachten wurden, damit die physiologischen Faktoren der Traumata untersucht werden konnten. Parallel dazu wurden sie in ausgewählten und vor allem in den traumintensiven REM-Phasen geweckt und anschließend befragt. Ihre Aussagen wurden zudem auf Tonband aufgezeichnet. Am folgenden Morgen befragte man sie ein zweites Mal und das Geträumte konnte erneut erzählt und auch kommentiert werden. Hau stellte fest, dass sie sehr viel träumten und im Untersuchungszeitraum pro Person zwischen vier und zehn Träume zusammenkamen. Die Träume der männlichen Teilnehmer, die an PTBS-Symptomen litten, ließen sich durchweg in die Themenfelder Tod, Folter und Krieg einordnen und waren zudem extrem angstbesetzt. Wie in der "Zero Process"-Theorie beschrieben, konnten sich die befragten Personen nicht an viele Inhalte ihrer Träume erinnern, doch die traumatischen Bruchteile blieben schwer in der Psyche hängen.

In der anderen Kontrollgruppe, in der die Teilnehmer*innen keine PTBS-Symptome aufwiesen, wurden die Träume insgesamt zwar auch von negativen Gefühlen und Ängsten begleitet, jedoch waren in ihren Träumen eher andere Aspekte wie Verlust, Trauer und Sehnsucht präsent. Ihre Traumsituation war zwar auch nicht angenehm, jedoch konnten sie mit ihren Trauminhalten wesentlich besser umgehen als die Teilnehmer*innen der anderen Gruppe.

Durch detaillierte Untersuchungen der Traummechanismen hoffen Forscher und Forscherinnen, Hinweise darauf zu bekommen, wie man Menschen mit PTBS in verschiedenen Therapien gezielt Hilfe anbieten kann. Darüber hinaus wird, im Rahmen von posttraumatischen Belastungsstörungen, auch ein häufigeres Auftreten von Albträumen verzeichnet. Zahlreiche Studien belegen bei Patienten und Patientinnen mit PTBS oder traumatischen Erlebnissen eine erhöhte Prävalenzrate für Albträume.

Traumatische Erfahrungen, die bei den meisten Menschen bereits in der Kindheit geschehen, sind auch die Ursache vieler chronischer Depressionen. In einer Studie mit Langzeitdepressiven versucht die Psychoanalytikerin Tamara Fischmann vom Sigmund-Freud-Institut in Frankfurt, eine Brücke zwischen den Befunden zu Traumata der Neurowissenschaft und der Psychoanalytik zu schlagen. Die Studie zielt darauf ab, die Wirksamkeit der Psychoanalyse objektiv messbar zu machen. Der Erfolg der Behandlung lässt sich dabei allgemein an der Art der Traumentwicklung ablesen. Grundsätzlich gilt: Je gefühlsbetonter und komplexer die Träume der Patienten und Patientinnen werden, desto mehr therapeutischer Erfolg ist zu verzeichnen. Die Teilnehmer*innen der Depressionsstudie befinden sich bereits seit mehreren Jahren in der psychoanalytischen Therapie. Die Träume, über die Patienten und Patientinnen berichten, werden erst einmal vom behandelnden Analytiker bzw. der behandelnden Analytikerin klinisch evaluiert.

Gleichzeitig werden die Träume aber auch im Schlaflabor experimentell erhoben. Anschließend analysiert ein*e unabhängige*r Analytiker*in die Träume mit einer standardisierten Methode. Daraus ergeben sich Traummechanismen und -kategorien, welche es ermöglichen sollen, dass die Veränderungen der Trauminhalte über die Zeit quantifiziert werden. Die ersten Ergebnisse weisen darauf hin, dass der therapeutische Fortschritt tatsächlich objektiv messbar ist. Außerdem konnten bereits Veränderungen – anhand der **funktionellen Magnetresonanztomographie (fMRT)** – gezeigt werden, welche sich im Verlauf der Therapie im Gehirn einstellen. Die funktionelle Magnetresonanztherapie ist ein bildgebendes Verfahren, mit dem physiologische Funktionen im Inneren des Körpers dargestellt werden können.

MIT TRAUMDEUTUNG DAS LEBEN VERBESSERN

Genauso wie Entspannung und Schlaf für unser Gehirn lebensnotwendig sind, ist auch das Träumen für die menschliche Psyche ganz wesentlich. Auch wenn wir uns nicht immer richtig an unsere Träume erinnern können, träumen wir meistens mehrmals pro Nacht. Dabei ist die Erinnerung an unsere eigenen Träume für die Verarbeitung unserer Sehnsüchte, Ängste und Belastungen immens wichtig.

Jeder Traum, an den wir uns nicht erinnern, ist eine nicht genutzte Chance, um unser Unterbewusstsein besser kennenzulernen. Träume sind mit einer individuellen Symbolsprache gleichzusetzen, die wichtige Botschaften unseres Unterbewusstseins enthalten. Deshalb müssen Träume auch immer im eigenen individuellen Kontext gedeutet und interpretiert werden, denn nicht jedes Symbol hat für jede Person auch dieselbe Bedeutung, denn diese ist immer auch stark von der aktuellen psychischen Verfassung der träumenden Person abhängig.

Es ist normal, dass jeder von uns von Zeit zu Zeit nicht so schöne Träume hat. Sobald bestimmte Träume jedoch regelmäßig wiederkehren, könnten möglicherweise verdrängte Erinnerungen oder andauernde psychische Belastungen die Ursache sein.

Träume können uns zur Selbsterkenntnis verhelfen, denn sie unterstützen uns dabei, mit den verschiedensten Situationen besser umgehen zu können. Wenn wir unsicher sind, können sie uns den richtigen Weg weisen oder uns einfach nur ein gutes Gefühl vermitteln. Das Universum führt uns anhand unserer Träume in allen Bereichen unseres Lebens. Selbst auf spirituelle Fragen können wir eine Antwort finden oder einfach Antrieb gewinnen, wenn uns eine große Herausforderung bevorsteht. Daneben haben unsere Träume aber auch die wichtige Funktion, uns bei der Verarbeitung unserer Gefühle, Emotionen und Alltagserlebnisse zu helfen. Aus diesem Grund ist die Fähigkeit, die eigenen Träume zu interpretieren und zu deuten, auch ein kraftvolles Tool, da man über die gezielte Analyse viel über sich selbst lernen kann. Und niemand kann das besser analysieren als du selbst.

Neurotische Träume, die aufgrund einer langanhaltenden psychischen Verhaltensstörung auftreten und die betroffene Personen oftmals stark belasten, sind in der Traumdeutung allgegenwärtig. Sowohl Analytiker*innen als auch Patienten und Patientinnen sind mit ihnen vertraut. Neurotische Träume können durch die Assoziationen zu den einzelnen Traummotiven entschlüsselt werden. Dabei müssen wir versuchen, die individuellen Bedeutungen der im Traum auftretenden Motive aufzuspüren und sie zu einer logischen Geschichte zusammenzufügen.

Zum Beispiel aktivierte eine Patientin in einer ihrer ersten Sitzungen mit ihrem Therapeuten ihre schwierige Beziehung zu ihrem Vater, die mit sehr vielen Konflikten verbunden war. Zu Beginn ihrer Behandlung träumte sie, dass sie die Treppe zur Walhalla hinaufging, wohin sie zu Schulzeiten oft einen Ausflug mit ihrer Klasse machte. Als sie ganz oben angekommen war, erblickte sie eine neue Statue. Im ersten Moment hielt sie diese Statue für ein Abbild von König Ludwig, bevor sie überrascht erkannte, dass es eine Statue ihres Vaters war. Auf einmal sah sie, wie ein Kran begann, den riesigen Kopf der Statue abzuheben. Umgehend dachte sie dabei an die Lenin-Statue in Berlin und schrie lautstark, dass das doch nicht in Ordnung wäre, doch niemand konnte sie hören.

In ihrem Traum findet, durch den Schulausflug zur Gedenkstätte, eine Erinnerung innerhalb der Erinnerung statt. Die Statue König Ludwigs und das Lenin-Motiv im Traum drücken die anfängliche Idealisierung und die beginnende Demontage ihrer idealisierten Beziehung zu ihrem Vater aus. Während der letzten Phase ihrer therapeutischen Behandlung träumte sie denselben Traum erneut. Nur berichtete sie dieses Mal, wie verwundert sie gewesen sei, dass ihr Vater nun ein alter gebrochener Mann mit grauem Haar war. Schweigend hielt er ihr seine Hand entgegen und aus seinem Mund kamen die Worte "mein Kind".

Dieser zweite Traum, indem sie dieselbe Geschichte erneut durchlebt, zeigt sich, mit wie vielen Schuldgefühlen sie ihre eigene Verselbstständigung und ihre Loslösung von ihrem Vater verarbeitet hat. Die Symbolik des abgetragenen Kopfes aus ihrem ersten Traum interpretierte sie als Verabschiedung und Lösung von ihrem Vater.

Sowohl der anfängliche als auch der abschließende Traum erzählen ihr bekannte Geschichten, die sie aus dem Untergrund ihres Unbewusstseins hervorgeholt hat, weil sie begonnen hat, nichts mehr verdrängen zu wollen. Beide Geschichten enthalten Botschaften, die man durch Deutungen und Assoziationen erschließen kann und die eine Tür zu den wichtigen Themen ihrer Gegenwart und ihrer Vergangenheit öffnen. Diese Botschaften erzählen über ihre Beziehung zu ihrem Vater und die Verzweiflung darüber, wie schwer es für sie ist, sich von ihm zu lösen, ohne sich dabei Schuldgefühle aufzuladen.

Die Traumdeutung hat ihr also geholfen, ihr Leben zu verbessern, indem sie sich über ihre Probleme bewusst wurde, diese verstanden hat und sie dadurch verarbeiten konnte.

Träume sollten immer in den Alltag des Patienten und der Patientin übertragen werden, denn sie spielen eine gewisse Rolle. Es ist wichtig, zu beobachten und zu analysieren, wie sich die Geschehnisse im Traum im eigenen Alltag äußern. Der Traum der Patientin äußerte sich im Alltag zum Beispiel darin, dass sie grundsätzlich offener gegenüber Frauen als gegenüber Männern und insbesondere Vätern war. Erst dann kann man beginnen, mit Traumdeutung das eigene Leben verbessern zu wollen, indem man seine Träume zu verstehen beginnt und somit das Unbewusste, welches auch schädlich sein kann, auf- und verarbeiten kann.

Symbolik in der Traumdeutung

WAS IST EIN SYMBOL?

Das Wort Symbol ist aus dem Altgriechischen abgleitet und steht im Deutschen für ein Erkennungszeichen oder für ein Sinnbild. Allgemein werden Symbole als Bedeutungsträger – für Wörter, Gegenstände, Zeichen oder Vorgänge – verwendet, die eine bestimmte Vorstellung von etwas bezeichnen. Der Symbolbegriff wird jedoch uneinheitlich und mehrdeutig verwendet, weshalb sich dieser in unterschiedlichen Wissenschaften und zwischen einzelnen Autoren und Autorinnen auch verschieden stark voneinander unterscheidet.

Die Verwendung des Begriffs kann mitunter sogar gegensätzlich sein. Während der Begriff bei Pierce als Synonym für ein konventionelles Zeichen, das mit dem Symbolisierten keinerlei Ähnlichkeitsbezug hatte, fungierte, war für Ferdinand de Saussure genau diese Ähnlichkeitsrelation für den Symbolbegriff entscheidend. Saussure betrachtete Symbole als eine Art Bedeutungsträger, bei dem zwischen der Zeichenform und dem, was es zum Ausdruck bringt, ein gewisser Ähnlichkeitsbezug besteht.

Der Begriff der Symbolik meint seit dem beginnenden 18. Jahrhundert die sinnbildliche Darstellung bzw. Bedeutung von etwas Geistigem. Somit ist ein Symbol ein sichtbares Zeichen von einer nicht sichtbaren Realität, zu der es einen inneren Bezug hat. Dies impliziert jedoch, dass bei einem Symbol immer zwei

Ebenen betrachtet werden müssen. Denn in etwas Sichtbarem kann sich etwas Unsichtbares offenbaren, in etwas Externem etwas Internes, in etwas Besonderem etwas Allgemeines und in etwas Körperlichem etwas Geistiges.

Symbole sind Bedeutungsträger, die etwas vereinen, das zusammen eine Ganzheit bildet. Sie verbinden ein äußeres Bild mit einem Sinnkontext. Ihre grundsätzliche Funktion ist es, die reichhaltigen Aspekte einer sehr komplexen Wirklichkeit zu bündeln. Menschen konstruieren anhand von Symbolisierungen ihre eigene Wirklichkeit und verleihen dieser Sinn. Unser Geist schreibt Bildern, die nichts weiter als Symbole sind, Sinn zu. Aus diesem Grund nehmen Symbole auch in der Traumdeutung einen so großen Stellenwert ein. Denn ihr Auftauchen in unseren Träumen hat einen Sinn und sie möchten uns auf etwas aufmerksam machen oder uns etwas mitteilen. Doch ganz gleich, wie wichtig Symbole für das Verständnis unserer Träume auch sein mögen, wir können ihre Deutung nicht einfach pauschalisieren. Vielmehr muss jeder von uns die Symbole, die in unseren Träume auftreten, ganz individuell zu verstehen versuchen.

MEHRDIMENSIONALITÄT VON SYMBOLEN

Symbole nehmen Einfluss auf unsere Wahrnehmung, unser Denken und Fühlen, unsere Intuition und Fantasie und verbinden das Bewusste mit dem Unbewussten. Das Bewusstwerden der Menschen vollzog sich schon immer durch das Medium der Symbolik. Viele Dinge können zu einem Symbol werden und dadurch die Brücke von etwas Vorderem zu etwas Hintergründigem bilden. Sobald etwas einen inneren Bedeutungs- und Sinngehalt hat, wird es zu einem Symbol.

Alles das, was absichtlich auf etwas anderes verweisen möchte, gewinnt symbolischen Wert. Demnach ist ein Symbol ein Sinnbild, das entsteht, wenn ein äußeres Objekt mit einem inneren, geistigen Inhalt zusammengebracht wird. Ein sehr bekanntes Beispiel für ein symbolisches Sinnbild ist das Kreuz, welches das Christentum symbolisiert, die Taube, die ein berühmtes Symbol des Friedens ist, oder die Lilie, welche die reine Liebe symbolisiert. Sobald solch berühmte Symbole in unseren Träumen auftreten, ist uns meistens sofort bewusst, wie wir sie zu deuten haben.

Im Gegensatz zu Zeichen, die arbiträr sind, sind Symbole nicht einfach in ihrer Bedeutung veränderbar. Sie sind vieldeutig und haben geheimnisvolle Wirkungen, die manchmal sehr tiefgehend und rational nicht fassbar sind. In der Sprache der Symbolik werden innere Gedanken, Gefühle und Erlebnisse so zum Ausdruck gebracht, als würde es sich dabei mehr um eine sinnliche Wahrnehmung als um Erlebnisse in der Außenwelt handeln. Die Symbolsprache ist eine Sprache, die eine andere Logik als unsere alltägliche Sprache verwendet. Denn in ihr sind nicht Raum und Zeit die dominierenden Kategorien, sondern Assoziation und Intensität. Nach Fromm ist die Symbolsprache die einzige universelle Sprache, die im Verlauf der Geschichte durch die Menschheit entwickelt wurde. Wenn man die Bedeutung von Träumen, Märchen, Kunstwerken und Mythen verstehen will, muss man die Sprache der Symbole verstehen.

Nach dem Jung'schen Verständnis der Analytischen Psychologie projektieren Symbole unbewusste seelische Inhalte. Droht im Traum also ein Baum zu verdorren, kann dies auf eine innere seelische Not hinweisen. Symbole sind chiffrierte, aber nichtsdestotrotz dem Bewusstsein zugängliche und verständliche Aussagen des Unbewussten. Sie tragen Botschaften in Form von Bildern an das Bewusstsein heran und sind sogar in der Lage, als Symptome Hinweise auf psychische Probleme zu geben.

Jegliche Form der Symbolarbeit dient der Erweiterung des Bewusstseins, da sie die unbewussten Bedeutungsaspekte von Symbolen zulassen. Aufgrund der Mehrdimensionalität der Symbole berühren uns einige Träume oder Bilder, in denen diese auftauchen, tiefer als andere. Sie wecken unsere früheren Erinnerungen in uns und sind mit Hoffnungen und Ängsten sowie mit Liebe und Hass verbunden. Ihre Mehrdimensionalität fördert den Dialog zwischen unserem Bewussten und unserem Unbewussten. Symbole sind wie Schlüssel zu tiefen Schichten der menschlichen Existenz. Sie stellen eine Verbindung zwischen dem Bewussten, dem Vor- sowie Unbewussten und dem Überbewussten her und sind gleichzeitig auch ein Wegweiser für unser Leben, insofern wir sie richtig deuten.

PERSÖNLICHE SYMBOLE

Früher trennten sich im antiken Griechenland zwei gute Freunde für eine längere Zeit. Gemeinsam zerbrachen sie einen Ring, bevor sie unterschiedliche Pfade einschlugen. Trafen sie nach langer Zeit dann Menschen aus ihren Familien wieder, fügten sie die beiden Hälften der Ringe aneinander. Passten sie genau, wussten sie, dass es sich bei dem anderen wirklich um einen alten Freund handelte und dass man diesem Vertrauen schenken und Gastfreundschaft erweisen konnte. Erst, wenn die beiden Hälften des Ringes wieder zusammengefunden haben und zusammengefügt wurden, weist der Ring als Gesamtes auf eine alte Freundschaft hin und wird zu einem sichtbaren und persönlichen Symbol für etwas Inneres.

Im bildlichen Sinne symbolisiert ein Symbol ein Gefäß für eine seelische Energie, die in eine Gestalt hineinströmt und etwas Unbewusstes bildet. Dadurch bekommt das bislang Unsichtbare, das nicht greifbar war, eine Form. Besonders gut lassen sich Wünsche oder Vorhaben mit persönlichen Symbolen unterstützen und greifbar machen, insofern sie fest im Unterbewusstsein verankert werden. Wenn du möchtest, kannst du natürlich auch deine persönlichen Symbole selbst erschaffen. Gib dir bei der Entwicklung viel Mühe und kreiere ein Symbol, das du dir gut merken kannst. Beginne damit, dein Symbol zu verinnerlichen, und reproduziere es so oft, bis du es auch im Schlaf nachstellen könntest und es deutlich mit geschlossenen Augen vor dir siehst. Bewahre persönliche Symbole immer sorgfältig auf – im Kopf und an einem zusätzlichen sicheren Ort. Eine schlagende Welle könnte zum Beispiel das Verlangen bzw. die Sehnsucht nach der Freiheit bedeuten, eine Sonne könnte ein glückliches und zufriedenes Leben symbolisieren und die Bedeutung eines Ankers wäre für dich möglicherweise gleichzusetzen mit Halt und Sicherheit. Tauchen diese persönlichen Symbole dann in deinen Träumen auf, weißt du ganz genau, welche Deutung sie haben. Unsere persönlichen Symbole bestehen aus nicht weniger als vielen symbolischen Bildern und bereits Sigmund Freud interpretierte Träume als Wunschvorstellungen, in denen persönliche Symbole, die diese Wünsche repräsentieren, auftauchen können.

ARCHETYPISCHE SYMBOLIKEN

Archetypen

Der Begriff des Archetypus lässt sich am passendsten mit dem Wort Urbild übersetzen. C. G. Jung nahm an, dass diese Urbilder zur Ausstattung der menschlichen Psyche gehören. Archetypen bilden ein nicht umgängliches Korrelat zur Idee des kollektiven Unbewussten und deuten an, dass in der Psyche bestimmte Formen dessen vorhanden sind, die allgegenwärtig und überall verbreitet sind. Die mythologische Forschung bezeichnet Archetypen auch als Motive, wohingegen sie anderweitig auch Ur- oder Elementargedanken genannt werden. Archetypen sind Strukturelemente der kollektiven Psyche. Sie geben psychischer Energie eine gewisse Form, obwohl sie selbst keine Gestalt annehmen und unanschaulich sind. Dadurch, dass sie Gestaltungsfaktoren ohne Inhalt sind, befinden sie sich vor jeglicher Erfahrung und präformieren das menschliche Erleben, Handeln und die menschlichen Vorstellungen. Archetypen bewegen sich um allgemeine sowie elementare Erfahrungen des Lebens herum – wie Geburt, Tod, Mutterschaft, Trennungen und Krisen. Jungs Verständnis zufolge sind Archetypen Muster des Verhaltens und Erlebens, die angeboren sind. Diese Muster stellte er sich in Analogie zu Tierinstinkten vor. Archetypen sind rein rationale Organisations- und Wahrnehmungsformen unserer Welterfahrung. Sie steuern also das menschliche Erleben der Umwelt. Der Grundgedanke des Jung'schen Archetypenkonzepts ist, dass Menschen bereits bei der Geburt eine umfassende Ausstattung von Wissen sowie einer Art und Weise, wie sie psychisches Erleben organisieren, haben. Im Laufe des Lebens manifestiert sich diese Ausstattung dann in typischen menschlichen Verhaltensweisen. Diese psychische, menschliche Grundausstattung führt wiederum dazu, dass es bei den Menschen aller Völker zu jeder Zeit typische Verhaltensweisen, Symbole, Riten, Entwicklungen sowie Überzeugungen gibt.

Darüber hinaus sind alle Archetypen universell. Sie sind kulturunabhängig und sowohl in dem innerpsychischen Erleben als auch in den Überzeugungen und den Verhaltensweisen der Menschen überall auf der Welt, zu jeder Zeit und in gleicher Form wiederzufinden. Zudem war Jung der Auffassung, dass Archetypen stark affektiv aufgeladen sind. Immer, wenn wir sie erleben, sind sie also mit deutlich spürbaren und spezifischen Emotionen verbunden. Es lässt sich sogar behaupten, dass sie Emotionen strukturieren und steuern. Sammeln wir Erfahrungen mit Archetypen, fühlt sich das häufig machtvoll, beeindruckend oder sogar angsteinflößend an. Auf eine gewisse Art und Weise überwältigt uns diese Erfahrung auch, sodass sich Archetypen sogar übermenschlich empfinden lassen. Archetypen kommen aus dem Unbewussten, weshalb wir sie auch nur unbewusst wahrnehmen. Jung war obendrein der Auffassung, dass das menschliche Bewusstsein zum Archetyp an sich niemals selbst zugänglich ist, sondern nur für seine Manifestation in Form von Symbolen und Bildern Zugang findet, denn Archetypen sind autonom. Archetypen können also unser Bewusstsein nicht beeinflussen, sondern ihm nur durch verschiedene Zeichen und Symboliken Botschaften schicken. Das bewusste Ich kann sie nicht steuern. Sie entspringen dem Unbewussten, aus dem sie auf das Bewusstsein steuernd wirken. Deshalb drücken sie sich oftmals in Symbolen (zum Beispiel in der Form eines Schattens) aus, können sich aber auch im menschlichen Verhalten oder menschlichen Handlungen manifestieren. Allgemein bringen Archetypen etwas Umfassendes und Ergreifendes zum Ausdruck, das sich aber nur schwer in Worte fassen lässt. Denn die Archetypen bilden die theoretische Basis der Jung'schen Psychologie. In Kombination mit den Begriffen des Archetypen, des kollektiven Unbewussten sowie dem Begriff des Individuationsprozesses bilden die Archetypen das zentrale Konzept der Analytischen Psychologie von C. G. Jung ab.

Archetypen im Traum

Unter den Traumsymbolen markieren die archetypischen Symbole eine ganz besondere Gattung. Hierbei handelt es sich um Symbole des kompletten Unterbewussten. Demnach sind sie Symbole der Gesamtheit aller Persönlichkeitseigenschaften, die wir haben – sowohl derer, die wir beachten, als auch derer, die wir versuchen, zu unterdrücken.

Durch archetypische Traumsymbole wird menschlich Ursprüngliches verkörpert. Nach C. G. Jung mag die Anzahl der Archetypen zwar begrenzt sein, jedoch die Anzahl der archetypischen Bilder nicht. Es gibt also nur eine gewisse Zahl von Archetypen, jedoch können sie in unterschiedlichen Formen und Gestalten immer wieder neu auftauchen. Der Schatten ist zum Beispiel ein Archetyp, den es einmal gibt, der aber in verschiedenen Formen deiner Persönlichkeit auftreten kann. Laut Jungs Auffassung kommen archetypische Symbole immer dann zum Vorschein, wenn unser kollektives Unbewusstes nicht im Reinen mit sich selbst ist. Wenn das passiert, macht sich der Aspekt unserer Persönlichkeit, dem wir zu wenig Beachtung geschenkt oder den wir vielleicht sogar unterdrückt haben, in irgendeiner Form in unseren Träumen bemerkbar. Archetypische Bilder können auch einen inneren Konflikt in uns aufzeigen, dem eine nicht spezifische Angst vor gewissen Charakterzügen vorausgeht.

Vor allem symbolisiert der Schatten Charakterzüge, die wir selbst nicht akzeptieren wollen oder welche wir selbst nicht mögen. Indem der Schatten nun in deinen Träumen auftritt, will er, dass du dem Konflikt in deinem Inneren nachgibst und diese Eigenschaften akzeptierst.

Auch in der Deutung von Träumen spielen archetypische Bilder eine komplexe Rolle. Nicht immer fällt es uns leicht, zu erkennen, warum ein Traumsymbol auftaucht. Tritt im Traum beispielsweise ein Held auf, so kann dieser einfach für eine Person stehen, die uns einen großen Gefallen getan hat. Jedoch ist es auch möglich, dass der Held im Traum als ein Symbol einer Metaebene in Erscheinung tritt. Dann kann er als Abbild seiner Eigenschaften betrachtet werden. Er zeichnet sich durch Mut, Tapferkeit und Tatendrang aus. Zur gleichen Zeit ist der Held des Traumes aber auch ein Mann, der in der Traumdeutung sowohl mit Stärke als auch mit Aggression charakterisiert wird. Auf der Metaebene kann das Traumsymbol des Helden jedoch auch bedeuten, dass wir einen inneren Konflikt mit unseren heldenhaften Charaktereigenschaften austragen und uns heimlich wünschen, mehr wie ein Held zu sein.

Träumt eine Frau von einem Helden, bekommt das Symbol vielmehr die Eigenschaften eines idealisierten Männerbildes. Dann ist es sehr wahrscheinlich, dass sie nach einem für sie idealen Mann mit genau diesen Eigenschaften sucht. Weil sie ihn jedoch nicht findet, taucht er symbolhaft in ihrem Traum auf. Somit spiegelt das Traumsymbol des Helden die Sehnsucht ihres Unbewussten wider.

Sind wir bereit, uns auf die Archetypen, die in unseren Träumen auftreten, einzulassen und mit ihnen zu arbeiten und sie zu verstehen, können sie uns dabei helfen, eine stabile Wirklichkeit zu erschaffen. Sobald wir unsere Traumfiguren in unser Leben integrieren, haben sie ihre Funktion erfüllt und werden nicht mehr in unseren Träumen auftauchen. Denn jedes Traumbild und somit auch jeder dieser Archetypen repräsentiert eine jeweils andere Eigenschaft der Kräfte, die uns zur Verfügung stehen. Will man die Archetypen inklusive ihrer Funktionen verstehen, gilt es, ihr Ziel im Hinterkopf zu behalten. Wir wachsen immer dann, wenn wir lernen, jegliche Facetten unseres eigenen Charakters zu verstehen und einzubinden.

Der Schatten

Dem Schattentraum begegnest du wahrscheinlich am häufigsten, weil ein großer Teil unserer Träume Schattenfiguren enthalten. Dafür gibt es einen ganz einfachen doppelten Grund. Denn zum einen gibt es kein menschliches Wesen, das nicht mehrere Aspekte der eigenen Persönlichkeit – also nicht mehr als nur ein Selbst – besäße. Diese Formen des Selbst nehmen an all unseren Erfahrungen des bewussten Lebens teil und sind immer allgegenwärtig. Zum anderen ist der Traum primär eine eigene Erfahrung, an der die verschiedenen Formen unserer Selbst am öftesten teilnehmen werden.

Grundsätzlich symbolisiert die Schattenfigur entweder einen negativen oder einen positiven Teil unserer Persönlichkeit. Repräsentiert sie einen negativen Teil, stellt sie einen vernachlässigten oder unterentwickelten Part der Persönlichkeit dar. Repräsentiert sie jedoch einen positiven Teil unserer Persönlichkeit, spiegelt die Schattenfigur einen schlaueren oder weiseren Part wider. Normalerweise bedeutet das Auftauchen einer Schattenfigur im Traum in beiden Fällen, dass ihr im bewussten Leben nicht ausreichend Gehör geschenkt wird und dass sie aufgrund dessen auch zu wenig Beachtung findet. Deshalb versucht sie, sich im Traum über das Unbewusste bemerkbar zu machen und so die benötigte Aufmerksamkeit zu erzwingen.

Der Schatten kann uns dabei helfen, unsere Entscheidungen und unsere Überlegungen günstig zu beeinflussen. Genauso kann er für uns aber auch eine Warnung vor zukünftigen Schwierigkeiten sein, wenn wir bestimmte Dinge nicht verändern. Grundsätzlich wird das archetypische Traumsymbol des Schattens mit etwas Negativem assoziiert, doch dabei wird oftmals vergessen, dass ein Schatten, dadurch, dass er sich auf einen legt, eine Schutzfunktion hat.

Im Traum zeigen sich im Schatten normalerweise Charaktereigenschaften, die der*die Träumende zwar hat, die aber nicht in sein*ihr eigenes Selbstbild passen. Dann wird er*sie in symbolischer Form vom Unbewusstsein mit Eigenschaften konfrontiert, die er*sie grundsätzlich ablehnt und nicht übernehmen möchte. Außerdem ist es auch möglich, dass sich der Schatten andere Eigenschaften wünscht. So kann er durchaus positiv sein, weil er uns darauf aufmerksam machen kann, dass er die ersehnten charakterlichen Züge bereits in sich trägt, diese nur noch unerkannt sind.

Schattenträume verfolgen ein bestimmtes Ziel und werden von unserem Unterbewusstsein stärker als die meisten anderen Traumsymbole gesteuert. Sie entspringen dem kollektiven Unterbewusstsein, in dem die wirkliche und vollständige Persönlichkeit von uns allen schlummert.

Anima

Wenn wir uns mit dem Anima-Traum auseinandersetzen, befassen wir uns gleichzeitig auch mit unserem kollektiven Unbewussten. Die Anima ist das Abbild der Weiblichkeit bzw. des weiblichen Anteils, der in jedem Mann gegenwärtig ist. Das Verhalten der Anima ähnelt dem von Schattenfiguren. Die Anima tritt immer in weiblicher Gestalt in Erscheinung, ist jedoch keine Menschenfigur. Aufgrund ihrer Äußerungen repräsentiert sie den aktuellen Zustand innerhalb des psychologischen Schemas der träumenden Person. Sie birgt die Gefahr der Überentwicklung der Eigenschaften, die von ihr verkörpert werden, aber auch die Gefahr der Unterentwicklung sowie der Vernachlässigung.

Animus

Im Gegensatz zur Anima ist der Animus das Abbild der Männlichkeit bzw. des männlichen Anteils, der in der weiblichen Persönlichkeit zu finden ist. Die Figur des Animus verhält sich in den Träumen von Frauen auf dieselbe Art und Weise, wie sich die Figur der Anima in den Träumen der Männer verhält.

Der Animus ist genauso wie die Anima im kollektiven Unbewussten angelegt und von persönlichen Erfahrungen unabhängig. Beide vermitteln Inhalte des kollektiven Unbewussten an das Bewusstsein. Sowohl die Anima als auch der Animus kommen in Launen, Begeisterung, Mythen und Träumen zum Ausdruck. Genau wie die anderen Archetypen können sie von sich aus sowohl gute als auch böse Wirkungen entfalten. Zudem werden sie als eine Brücke zum Unbewussten beschrieben.

Der alte Weise

Der alte Weise ist ein Archetyp, der sich im unmittelbaren Umfeld des Selbst befindet – also im Zentrum der Psyche. In der klassischen Jung'schen Definition ist der alte Weise als Personifikation des geistigen Prinzips charakterisiert. Ihm wird grenzenloses Verstehen und Wissen sowie Erkenntnis und Weisheit, die über die Natur des Seins hinausgehen, zugesprochen. Dieser Archetyp symbolisiert das umfassende Selbst des Mannes und ist die Figur, die alle männlichen Eigenschaften in sich trägt, die erkannt und in die eigene Persönlichkeit eingebunden wurden. Sobald wir erkennen, dass die einzig wahre und die einzig richtige Linie für uns die ist, die von innen heraus kommt, tritt der alte Weise oftmals in unseren Träumen in Erscheinung. Er ist ein Freund und ein Führer für uns und kann eine reichhaltige Quelle der Inspiration sein. Der alte Weise taucht häufig in Form von Magiern, Propheten, Zauberern oder Führern auf.

Die Große Mutter

Auch die Große Mutter befindet sich im Zentrum der Psyche. Jung charakterisierte diesen Archetypen als die sachliche Wahrheit der Natur und als Archetypen des stofflichen Prinzips. Sie verkörpert alle Aspekte des Weiblichen und repräsentiert die Fähigkeiten der Frau, alle Bereiche ihrer Persönlichkeit zu nutzen. Doch dieser Archetyp symbolisiert nicht nur die mütterliche Seite einer jeden Frau, sondern auch ihr spirituelles Selbst. Die Große Mutter erscheint oftmals als das Mütterliche oder als Priesterin, als Sybille und als Fruchtbarkeitsgöttin. Die Auseinandersetzung mit den Archetypen der alte Weise und die Große Mutter verhelfen grundsätzlich zum entscheidenden Schritt der Bewusstwerdung und der Selbstwerdung der eigenen Individualität. Beide Archetypen tragen das Gegensätzliche von Positivem und Negativem in sich. In seiner negativen Form kann der alte Weise ein böser Zauberer oder finsterer Herrscher der Unterwelt sein und die Große Mutter tritt in ihrem negativen Aspekt als verschlingende Zerstörerin in Erscheinung. Beide Archetypen haben einen starken Einfluss auf uns, weil viele Menschen diese Figuren auf reale Personen projizieren und diese dann als geistige Führer verehren.

Das Selbst

Der Archetyp des Selbst gilt als das Zentrum der Psyche. Es ist der Mittelpunkt und der Umfang, der das Unbewusste sowie das Bewusste miteinschließt. Das Selbst ist der Mittelpunkt der psychischen Totalität. Es ist uns fremd und gleichzeitig doch so nah. Dieser Archetyp ist die Quelle unserer Individualität und von all dem, was uns einzigartig macht. Zur gleichen Zeit ist es aber auch etwas Transzendentales und Kollektives. Es ist die Summe unserer Persönlichkeit.

Es lässt sich durchaus behaupten, dass das Selbst das Fundament aller anderen Archetypen ist, da die anderen Archetypen aus ihm entsprungen sind. Man kann sich das Selbst also als Ursprung vorstellen, in dem unser Bewusstsein und unser Unbewusstsein eine Verknüpfung miteinander eingehen, bei der der Gegensatz dieser beiden ausbalanciert wird. Das Geheimnis unserer Ganzheitlichkeit liegt in unserem Selbst verborgen. Dieser Archetyp begegnet uns zu Beginn vielleicht erst einmal in Form einer Gestalt, die uns dazu ermutigt, vorwärtszugehen. Später könnte diese Figur für uns dann ein Symbol unserer Ganzheitlichkeit sein. Taucht dieser Archetyp in unseren Träumen auf, will er uns symbolisieren, dass er bereit ist, sich darauf einzulassen, etwas Ganzheitliches zu werden. Diese Träume zeigen uns ganz deutlich, dass wir bereit sind, uns für die Wertschätzung einer größeren Realität zu öffnen. Viele fühlen sich dann zwischen der spirituellen und der realen Welt hin- und hergerissen. Dabei ist jedoch vielmehr ein Gleichgewicht zwischen diesen beiden Sphären nötig, um etwas Ganzheitliches zu erschaffen.

Stellst du fest, dass im Zusammenhang mit diesem Archetypen negative Bilder auftauchen, geben diese einen Hinweis darauf, dass du die Kraft deines eigenen Selbst vernachlässigst.

DIE GRUNDTHEMEN IN DER TRAUMDEUTUNG

Die Konflikte unseres Alltags, die uns jeden Tag aufs Neue beschäftigen und oftmals auch Sorgen bereiten, können mit der Hilfe unserer seelischen Abläufe während des Schlafes – also mit Hilfe unserer Träume – bereinigt werden. Diese Konflikte wurden von Traumforschern und Traumforscherinnen in fünf Problemberieche untergliedert. Sie sind sowohl für das Leben als auch für den Traum wirksam, denn das eine ist eine Ursache und das andere eine Wirkung.

Die Grundthemen:

1. Probleme zwischen Mann und Frau
2. Das Bewusstsein von Recht und Unrecht
3. Die Entscheidung, Sicherheit oder Freiheit zu wählen
4. Lebens- sowie Todesangst
5. Liebe und Hass in der Eltern-Kind-Beziehung

Diese fünf Konflikte bilden das Fundament für unsere Träume, denn ganz gleich, ob wir im Traum von einer Meute Wölfe gejagt werden, ob wir einer Umweltkatastrophe starr und gelähmt zugucken oder ob wir auf einem wunderschönen Date mit dem Menschen sind, den wir heimlich verehren – einer dieser fünf Konflikte taucht dabei immer wieder verschlüsselt in unseren Träumen auf. Und eine im Traum erlebte Katastrophe, eine Beerdigung oder eine Verfolgung müssen nicht immer zwangsläufig etwas Negatives sein, sondern können durchaus auch etwas Positives bedeuten. Im Gegensatz dazu können glückliche Träume aus der Kindheit eher etwas Negatives repräsentieren, da diese auf unsere verdrängten inneren Ängste aufmerksam machen wollen. Seit jeher befasst sich Traumforschung mit dem Versuch, die in Träumen auftretenden Symbole und Erlebnisse zu deuten. Ihr Ziel ist es, verschiedene psychische Schwierigkeiten zu lösen. Sigmund Freud transformierte den Traum einerseits zu einem wahren wissenschaftlichen Forschungsobjekt und andererseits auch zu einem therapeutischen Werkzeug. Freud war der festen Überzeugung, dass die Bilder, die in unseren Träume auftauchen, ungelöste Konflikte aus unserer Kindheit widerspiegeln. Daran anknüpfend gelangten Traumforscher*innen in den letzten Jahren zu erstaunlichen Erkenntnissen. Zur Veranschaulichung findest du nachfolgend einige der am häufigsten vorkommenden Traumsymbole, die nur leicht verschlüsselt und demnach einfach abzuleiten sind. Anzumerken ist noch, dass Frauen- und Männerträume häufig ganz unterschiedlich gedeutet und interpretiert werden.

Grundthema 1: Probleme zwischen Mann und Frau – Traumsymbol: Haare

Traum 1: „Oftmals träume ich von meinen roten Haaren. In meinen Träumen sehen sie wunderschön aus, sie sind rot und voll. Im Wind flattert und leuchtet meine Mähne."

Deutung für sie: Träume, in denen Haare auftreten, haben immer etwas mit dem Triebleben zu tun. Volles rotes Haar deutet darauf hin, dass das Sexualleben der Träumerin sehr ausgefüllt ist, denn die Farbe Rot ist auch noch die Farbe der Leidenschaft und der Liebe.

Deutung für ihn: Der Traum hat für ihn eine ähnliche Bedeutung wie für sie. Der Träumer ist sowohl auf seine Potenz als auch auf seinen Erfolg bei Frauen stolz.

Grundthema 1: Probleme zwischen Mann und Frau – Traumsymbol: Apfel

Traum 2: „Jemand schenkt mir einen tollen Apfel. Voller Vorfreude beiße ich hinein, doch ein dicker Wurm kriecht mir entgegen."

Deutung für sie: Der Apfel symbolisiert Liebesbeziehungen, wobei ein Wurm im Apfel eindeutig darauf hindeutet, dass diese Liebe keine Zukunft hat.

Deutung für ihn: Eine Frau versucht, den Träumer zu verführen. Doch es ist Vorsicht geboten, denn dahinter steckt keine echte und tiefe Liebe.

Grundthema 1: Probleme zwischen Mann und Frau – Traumsymbol: Lähmung

Traum 3: „Letztens träumte ich von einer Schlange, die sich ganz plötzlich vor mir aufbäumte. Ich war wie gelähmt, doch zum Glück griff mich die Schlange nicht an."

Deutung für sie: Die Schlange gilt als männliches Sexsymbol. In Kombination mit der Lähmung bedeutet der Traum für die Träumerin, dass sie Angst vor einer zu engen partnerschaftlichen Bindung hat.

Deutung für ihn: Die Schlange deutet beim Träumer auf einen erwachenden Sexualtrieb hin, den er offenbar zu unterdrücken versucht.

Grundthema 2: Das Bewusstsein von Recht und Unrecht – Traumsymbol: Kleidung

Traum 1: „Immer wieder träume ich, dass ich mit total schmutziger Kleidung auf einem vornehmen Event erscheine. Ich schäme mich ganz fürchterlich, verlasse die Veranstaltung jedoch nicht."

Deutung für sie: Dreckige Kleidung steht symbolisch für ein schlechtes Gewissen, weil sich die Träumerin in einer bestimmten Situation unfair und unfein verhalten hat.

Deutung für ihn: Genauso wie die Träumerin hat auch der Träumer unfair und unfein gehandelt.

Grundthema 2: Das Bewusstsein von Recht und Unrecht – Traumsymbol: Gespenst

Traum 2: „Eine weiße Gespensterfrau fliegt durch mein Zimmer und sagt mir, dass ich kommen soll. Daraufhin folge ich ihr bis zur Tür, wo sie plötzlich verschwindet. Ich will ihr folgen, doch stoße mir an der Wand meinen Kopf."

Deutung für sie: Die Träumerin kämpft mit innerlichem Chaos. Obwohl sie einen Ausweg sieht, will sie die damit verbundenen Schwierigkeiten nicht auf sich nehmen.

Deutung für ihn: Der Träumer ist zu gefühlvoll, worunter er sehr leidet. Viel lieber möchte er sich als harter Mann ausgeben.

Grundthema 2: Das Bewusstsein von Recht und Unrecht – Traumsymbol: Mord

Traum 3: „Auch wenn ich eigentlich keiner Fliege etwas zuleide tun kann, habe ich letztens geträumt, dass ich jemanden ermordet habe."

Deutung für sie: Sieht sich die Träumerin im Traum selbst als Mörderin, hat sie etwas, das ihr bisher wichtig war (z. B. einen moralischen Wert), selbst vernichtet.

Deutung für ihn: Das Traumsymbol Mord hat für den Träumer dieselbe Bedeutung wie für die Träumerin.

Grundthema 3: Die Entscheidung, Sicherheit oder Freiheit zu wählen – Tramsymbol: Abgrund

Traum 1: „Ganz allein wanderte ich durch ein Gebirge, als sich urplötzlich direkt vor mir eine tiefe Schlucht auftat. Ich begann, ins Rutschen zu kommen, doch konnte mich glücklicherweise noch an einem Strauch festhalten. Anschließend wachte ich schweißgebadet und voller Angst auf."

Deutung für sie: Die Träumerin befindet sich vor einer privaten oder beruflich großen Entscheidung. Ihr ist bewusst, dass ein wichtiger Abschnitt ihres Lebens zu Ende geht, doch sie ist unschlüssig, wie es nun weitergehen soll. Sie sollte unverzüglich handeln.

Deutung für ihn: Genauso wie die Träumerin steht auch der Träumer vor großen psychischen Schwierigkeiten und sieht immer noch keinen Ausweg.

Grundthema 3: Die Entscheidung, Sicherheit oder Freiheit zu wählen – Tramsymbol: Brücke

Traum 2: „Während ich träume, habe ich immer große Angst, eine Brücke zu überqueren, obwohl ich alles andere als ein ängstlicher Mensch bin."

Deutung für sie: Brücken sind Symbole für Übergänge, die aufzeigen, dass die Träumerin vor einem großen Hindernis steht. Dessen ist sie sich zwar bewusst, wagt aber trotzdem keine Entscheidung.

Deutung für ihn: Genauso wie die Träumerin steht auch der Träumer vor einem großen Hindernis und wagt keine Entscheidung.

Grundthema 3: Die Entscheidung, Sicherheit oder Freiheit zu wählen – Tramsymbol: Insel

Traum 3: „Ich träume sehr oft von Inseln, wobei es manchmal eine traumhafte und friedliche Insel mit Palmen und traumhaften Sandstränden und manchmal eine Insel inmitten eines stürmischen Meeres ist. Meine Traumerlebnisse sind so wirr, dass ich sie manchmal gar nicht in Worte fassen kann."

Deutung für sie: Inseln sind von Wasser umgeben und symbolisieren das eigene Ich, die Sicherheit und die Ruhe. Das Traumerlebnis gibt Aufschluss darüber, ob dieses Ich glücklich ist oder sich bedroht fühlt.

Deutung für ihn: Genauso wie bei der Träumerin hat der Traum auch für den Träumer dieselbe Bedeutung.

Grundthema 4: Lebens- sowie Todesangst – Traumsymbol: Pferd

Traum 1: „In beinahe allen meiner Träume spielen Pferde eine große Rolle. In den meisten Träumen reite ich Rappen und oftmals fällt es mir schwer, sie zu zügeln."

Deutung für sie: Schwarze Pferde symbolisieren ungezügelte Leidenschaft, Zerstörung und Angst und unter Umständen sogar den Tod. Die Träumerin sollte ihr Leben vorsichtiger leben.

Deutung für ihn: Der Traum hat für den Träumer dieselbe Bedeutung wie für die Träumerin.

Grundthema 4: Lebens- sowie Todesangst – Traumsymbol: Schwimmen

Traum 2: „Ich kann gut schwimmen, doch in meinem Traum wäre ich fast ertrunken."

Deutung für sie: Die Träumerin hat sich auf etwas Unberechenbares eingelassen.

Deutung für ihn: Auch der Träumer hat sich auf etwas Unberechenbares eingelassen.

Grundthema 4: Lebens- sowie Todesangst – Traumsymbol: Vogel

Traum 3: „In meinem Traum wurde ich von schwarzen Vögeln angegriffen, die wie Krähen aussahen. Um mich zu schützen, schlug ich meine Hände vors Gesicht und versuchte, mich selbst zu schützen."

Deutung für sie: Die Träumerin wird von dunklen und zerstörerischen Gedanken verfolgt, welche sie krank machen. Ihr Unbewusstsein setzt sich dagegen zur Wehr.

Deutung für ihn: Auch der Träumer wird von dunklen und zerstörerischen Gedanken verfolgt, welche ihn krank machen. Auch sein Unbewusstsein setzt sich dagegen zur Wehr.

Grundthema 5: Liebe und Hass in der Eltern-Kind-Beziehung – Traumsymbol: Eltern

Traum 1: „Ich träume ständig von meiner Mutter, seitdem ich vor über einem Jahr ausgezogen bin. Noch öfter als meine Mutter tritt jedoch mein Vater in meinen Träumen in Erscheinung und das, obwohl ich unbedingt von zu Hause ausziehen wollte."

Deutung für sie: Elternträume deuten darauf hin, dass es die Träumerin noch nicht geschafft hat, sich innerlich von ihren Eltern zu lösen. Der Vater, der häufig auftaucht, bedeutet, dass die Träumende angeleitet und geführt werden will.

Deutung für ihn: Der Träumende leidet unter der Autorität seines Vaters, die unglaublich groß ist.

Grundthema 5: Liebe und Hass in der Eltern-Kind-Beziehung – Traumsymbol: Frau

Traum 2: „Täglich sehe ich Hunderte von Menschen und trotzdem ist mir die alte Frau, die in vielen meiner Träume an meiner Seite geht, im wirklichen Leben noch nie begegnet."

Deutung für sie: Durch eine immer wiederkehrende Frau im Traum wird das Leben schlechthin symbolisiert. Das Verhalten der Frau gibt dir Aufschluss über dein zukünftiges Schicksal.

Deutung für ihn: Träumer haben meistens entweder eine sehr starke Mutterbindung oder eine andere Frau, wie die Schwester oder die Lehrerin, haben ihre Kindheit stark geprägt.

Grundthema 5: Liebe und Hass in der Eltern-Kind-Beziehung – Traumsymbol: Kinder

Traum 3: „Ich erlebe immer wieder einen Traum, in dem ich nervenzerreißende Diskussionen mit meiner kleinen Tochter führe. Sie macht mir Vorwürfe und greift mich an, obwohl sie in Wirklichkeit ein ganz ruhiges Kind ist."

Deutung für sie: Wenn die Träumerin von ihrem eigenen Kind träumt, erlebt sie dabei oftmals eine wahre Situation, derer sie sich noch nicht bewusst bist. Wahrscheinlich spürt sie, dass ihre Tochter unglücklich ist.

Deutung für ihn: Die Deutung des Traumsymbols Kinder ist für den Träumer dieselbe wie für die Träumerin.

Methoden der Traumdeutung

METHODISCHE ANSÄTZE

Sigmund Freud vertrat die Auffassung, dass bestimmte psychische Inhalte daran gehindert werden, unser Bewusstsein zu erreichen. Die Gestaltung unserer Träume findet im Unbewussten statt. Die sogenannte kognitive Hemmung wird durch den Schlaf herabgesetzt, sodass die Inhalte unserer Träume in verpackter Form in unser Bewusstsein dringen können. Gemeinsam mit den Eindrücken aus unserem Langzeitgedächtnis und den Erlebnissen des vorherigen Tages werden diese Inhalte dann vermischt. Unsere tiefsten Trauminhalte entspringen dem unbewussten Teil unserer Persönlichkeit – dem Ort, an dem unsere triebhaften Bedürfnisse verankert sind. Aufgrund unserer moralischen Erziehung, unseren Verhaltensnormen und Vorschriften können gewisse Triebwünsche jedoch nicht unser bewusstes Denken erreichen. Träume stellen nun einen Versuch dar, uns diese Triebwünsche wieder ins Bewusstsein zu rufen.

Dadurch, dass bestimmte psychische Inhalte verdrängt werden, sind sie dem Bewusstsein nicht mehr zugänglich und können nicht mehr lebendig in Erscheinung treten. Denn durch die Verdrängung werden sie vielmehr in den Schranken des Unbewussten gehalten.

Die Botschaften aus unserem Unterbewusstsein werden in Symbole gekleidet, welche in der Folge gedeutet werden können. Mit Hilfe der freien Assoziation, einer von Freud speziellen und selbstentwickelten Technik, konnte er wichtige Informationen über die Persönlichkeit der Träumenden gewinnen und dadurch die wahre Bedeutung von Träumen besser entschlüsseln. Durch die Technik der freien Assoziation gelang es Freud, von dem Traum, wie die Träumenden ihn in Erinnerung hatten, zu seinem verdeckten Sinn zu gelangen. Freud bezog sich immer wieder auf manifeste Trauminhalte und auf latente Traumgedanken, die er mit den ursprünglich verdrängten Wünschen verknüpfte, die im Traum verhüllt werden. All das, was wir nach dem Erwachen erzählen können, nennen wir nach Freud den manifesten Trauminhalt. Sowohl der manifeste Trauminhalt als auch die latenten Traumgedanken sind sinnhaft miteinander verbunden, wobei die latenten Traumgedanken die Traumzensur nicht in unser Bewusstsein eindringen lassen. Die einzige Möglichkeit, die Zensur zu passieren, ist es, den ursprünglich latenten Traumgedanken zu entstellen. Dafür wird zum Beispiel der Gehalt eines Traumes symbolisiert, indem ein im Traum auftauchendes Symbol auf etwas verweist, das verdrängt worden ist.

Die Traumarbeit beruht also auf der Symbolisierung unserer Traumgedanken. Symbolisierung meint hierbei, dass etwas Verkleidetes eingehüllt wird und auf etwas Drittes verweist. Der Gedanke, dass sich hinter dem Traum etwas anderes befindet als das offensichtlich Geträumte, ist das grundlegende Konzept der Traumarbeit bzw. von Symbolträumen.

Seit Freud ist die Symboldeutung ein unentbehrliches therapeutisches und diagnostisches Mittel von psychoanalytischen Behandlungen. Denn auch ein konkretes Objekt kann über den Symbolgehalt von Träumen und Symptomen hinaus an Symbolcharakter gewinnen. Der Begriff des Symbolischen ist äußerst weit gefasst und findet ebenso bei individuellen einmaligen Äußerungsformen sowie bei regelhaft wiederkehrenden Erscheinungsformen Anwendung.

Moderne Traumdeutung nach Sigmund Freud

Sigmund Freud stellte in seinem Buch "Die Traumdeutung" eine neuartige Traumtheorie vor. Sein Werk gilt als grundlegendes Werk der Psychoanalyse und rückt allgemein den Zusammenhang zwischen persönlicher Lebensgeschichte und Träumen in den Vordergrund. Die Erstausgabe seines Buches erschien im Jahre 1899, wurde aber auf das Jahr 1900 vordatiert, um ein Kind des neuen Jahrhunderts zu werden. Freuds Buch der Traumdeutung zählt zu den einflussreichsten und am meisten gelesenen Büchern des 20. Jahrhunderts.

Sigmund Freud interpretierte Träume als Wunschvorstellungen. Demnach manifestieren sich in unseren Träumen sowohl unsere aktuellen als auch unsere aus der Kindheit stammenden Wünsche und Triebe. Während des Schlafes drängen diese aus unserem Unbewussten in unser Bewusstsein ein, werden dabei jedoch von psychischen Kräften zensiert und entstellt, wodurch sie für uns meistens seltsam, abstrakt oder gar absurd wirken. Häufig zeigen sich unsere Träume dadurch in verschlüsselter Form, weshalb sein Buch "Die Traumdeutung" auch der "Königsweg zur Kenntnis des Unbewussten im Seelenleben" sei. Denn durch die Symbolisierung können latente Traumgedanken in manifeste Träume umgewandelt werden.

Der Psychologe sah Träume dabei stets als rezent und regressiv zugleich an. Das bedeutet, dass Träume zum einen immer Gedanken oder Ereignisse des Vortages als Aufhänger haben und zum anderen Erinnerungen der Kindheit im Traum hervortreten. Freud spiegelte anhand von 100 Träumen wider, dass alle unsere Träume angeblich einen, aus der frühen Kindheit stammenden, sexuellen Hintergrund haben, wodurch sein Werk zum Wegbereiter seiner späteren Trieb- und Sexualtheorie wurde. Daher verwundert es auch nicht, dass seine Theorie Interesse und Abscheu in gleichem Maße erregte. Doch bei all der Kritik, die Freud für seine Theorie bekam, lässt sich nicht abstreiten, dass er die uralte Kunst der Traumdeutung von ihrem mythischen Ballast befreit hat. Vielmehr setzte er sie systematisch ein, um zum Unbewussten vorzudringen und dadurch seelisches Leiden zu therapieren. Laut Freud kann jeder, der Träume versteht, die Ursachen für geistige Störungen aufspüren und diese eventuell sogar heilen.

Traumdeutung nach C. G. Jung

Der Schweizer Psychiater und Begründer der analytischen Psychologie, Carl Gustav Jung, verstand den Traum als Darstellung der inneren Wirklichkeit der Träumenden, die immer deutlicher wurde. Das bedeutet, dass der Traum unmittelbar verständlich ist und keine weitere freie Assoziation der Träumenden notwendig ist. Er stellte fest, dass man, durch die freie Assoziation, von jedem beliebigen Objekt zu gleichen Teilen zu eigenen Komplexen gelangen könne. Doch Untersuchungen nach den Methoden von Sigmund Freud führen jeweils zu persönlichen Komplexen und somit auch weg vom jeweiligen Sinn des Traumes. Da jedoch die im Traum spezifisch verwendeten Symbole das Besondere an Träumen seien, schlug C. G. Jung anstelle von freien Assoziationen, die weg vom Traummaterial führen, eine Umkreisung als Methode zur Traumdeutung vor, in dessen Zentrum das Traumbild steht. Der Traumsinn könne dann deutlicher werden, wenn man jedes in einem Traum auftretende Symbol direkt mit den dazugehörigen persönlichen Assoziationen und unpersönlichen Amplifikationen anreichert. Amplifikationen sind eine von Jung entwickelte Methode, bei der die Aufmerksamkeit der Träumenden auf bestimmte Traumelemente gerichtet wird.

C. G. Jung teilte zwar die Auffassung von Sigmund Freud, dass Träume der "Königsweg zum Unbewussten" seien, jedoch gibt es in den Ansätzen der beiden auch große Unterschiede. Jung betonte zum Beispiel immer wieder, dass es für die Traumdeutung keine gebrauchsfertige systematische Anleitung gibt und dass Traumsymbole nicht von Menschen abtrennbar seien, weil es, seiner Meinung nach, für Träume keine allgemeingültigen Deutungen gibt. Vielmehr war er der Ansicht, dass Symbole und Motive jeweils im Traumkontext betrachtet werden müssen und nicht als selbsterklärend angesehen werden können. Jung betonte, dass die Deutungen von Träumen immer von der persönlichen Situation der träumenden Person abhängt. Zwei Personen können einen ähnlichen Traum haben. Dadurch, dass sie aber grundverschieden sind, haben sie auch mit unterschiedlichen Problemen zu kämpfen, weshalb es absurd wäre, die Träume beider auf dieselbe Art und Weise zu interpretieren.

Jung nahm die kollektive und unpersönliche Bedeutung des im Traum auftauchenden Symbols zu den persönlichen Assoziationen hinzu, wohingegen für Freud die freien Assoziationen der Träumenden für die Auslegung ihrer Träume maßgeblich waren. Nach dem Ansatz von Jung erzählt der Traum eine eigene Bildersprache, die man einerseits verstehen muss, die gleichzeitig jedoch auch direkt wiedergibt, was der Traum aussagt. Nach dem Ansatz von Freud wirkt im

Traum ein Zensor, der die Aussage des Traumes verzerrt. Während nach Jung der Traum also ein natürliches Phänomen ist, der die bewusste Haltung vom Ich-Bewusstsein korrigiert und ausbalanciert, bringt der Traum nach Freud versteckte Wunscherfüllungen mit sich und versendet verschlüsselte Botschaften. Taucht im Traum beispielsweise der*die Ex-Partner*in auf, mit dem*der man eine erneute Liebesbeziehung eingeht, will der Traum nach Jungs Auffassung eben genau das ausdrücken, wohingegen er nach Freuds Auffassung eine versteckte Nachricht übermittelt und vielleicht sogar eine Warnung dafür ist, sich erneut auf die Beziehung einzulassen.

Entwicklungen der Traumdeutung & Neurowissenschaft

In den letzten Jahren gewann die neurobiologische Traumforschung aufgrund von neuen Methoden an Bedeutung. So gelang es Forschern und Forscherinnen, einige interessante Fakten nachzuweisen. Zum einen wurde belegt, dass die Grundlage von Träumen ein Zusammenspiel von Großhirn und Stammhirn ist. Zum anderen zeigte sich, dass Träume, ohne das Mitwirken bestimmter Teile des Großhirns, nicht entstehen könnten. Außerdem bestätigte die neurobiologische Traumdeutung, dass alle Menschen, bis auf wenige Ausnahmen (durch Medikamente oder Krankheiten bedingt), träumen, und das ähnlich häufig. Ob wir uns im Anschluss an unseren Traum erinnern, ist dabei jedoch von Mensch zu Mensch sehr verschieden. Zudem erinnern sich Frauen häufiger als Männer an ihre Träume. Spüren wir unsere Träume dann noch bewusst nach, indem wir zum Beispiel ein Traumtagebuch führen, können wir unsere Trauminhalte am folgenden Tag besser abrufen.

Für die Funktion vom Träumen gibt es jedoch immer noch keine allgemein anerkannte Erklärung. Einige Experimente deuten aber darauf hin, dass wir Gedächtnisinhalte im Traum festigen. Dabei konnte festgestellt werden, dass sowohl Menschen als auch Tiere neu Erlerntes besser speichern können, wenn sie in der nachfolgenden Nacht gut träumen.

Zuletzt konnte die neurobiologische Traumforschung nachweisen, dass wir in jeder einzelnen Schlafphase träumen, wobei die Träume während der REM-Phase am häufigsten auftreten.

Traumdeutung in der Therapie

Die Traumarbeit ist dem Bereich der Psychotherapie zuzuordnen, der oftmals unterschätzt wird, obwohl er sehr wichtig ist, da die Arbeit mit Träumen sehr facettenreich ist. Eine hervorragende Möglichkeit der Traumarbeit besteht darin, mit der klassischen Traumdeutung zu arbeiten und sich mit den Problemen des Patienten bzw. der Patientin über die Trauminhalte und Symbole in Verbindung zu setzen. Eine andere Möglichkeit ist die phänomenologische Traumarbeit.

Der Grundgedanke hinter der phänomenologischen Traumarbeit ist, dass die in Träumen vorkommenden Emotionen wichtig sind. In ihnen wird etwas deutlich, das der Psychiater und Neurologe Viktor Frankl als präreflexive Tiefenperson bezeichnet. Grundsätzlich bedeutet das, dass alle Emotionen des Traumes tief im Inneren der träumenden Person als fester Bestandteil der Persönlichkeit verankert sind. Der grundlegende Unterschied zwischen der Methode der phänomenologischen Traumarbeit und der klassischen Psychotherapie liegt darin, dass die klassische Psychotherapie in erster Linie nach dem Warum fragt. Damit das Handeln und das Denken der zu behandelnden Person verändert werden kann, wird versucht, die Ursachen der Träume zu verstehen. Demnach könnte man sagen, dass es sich bei der klassischen Psychotherapie um eine eher mechanische Herangehensweise handelt, weil der Problemursprung zunächst identifiziert wird und im Anschluss schablonenhafte Methoden angewendet werden, um diesen positiv zu verändern.

In der phänomenologischen Traumarbeit arbeitet man dagegen mit dem, was sich im Traum zeigt und wie er wirklich ist. Es geht also weniger um die Begründung der Ursache und die methodische Therapie als vielmehr um das Begleiten und um das Arbeiten mit dem, was da ist. Die Herangehensweise der phänomenologischen Traumarbeit zielt also stärker auf Selbstverständnis und Akzeptanz ab. Es geht als nicht um die Frage „Warum?", sondern um die Frage „Was macht man nun damit?" und mehr um das „ist" als um das „war".

Verstand und Moral gelten im Traum nicht. Vollkommen ungefiltert zeigt sich unsere Persönlichkeit. Emotionen, Motivationen und Handlungen werden nicht bewertet, denn diese entstehen, bevor wir sie überhaupt reflektieren können. Unsere Persönlichkeit handelt in einem natürlichen Zustand und offenbart dadurch die reine Natur unseres Geistes. Daher wundert es uns auch nicht, wenn wir im Traum gewisse Dinge ganz selbstverständlich tun, die wir im wahren Leben niemals machen würden. Anschließend wachen wir entsetzt auf und können die Taten, die unser Unterbewusstsein uns im Traum hat ausüben lassen, nicht nachvollziehen.

Möchten Psychotherapeuten und Psychotherapeutinnen mit den Träumen ihrer Patienten und Patientinnen arbeiten, muss jede moralische Bewertung abgelegt werden. Denn dann geht es einzig und allein um die Arbeit mit dem Traum, und zwar so, wie er war. Genauso wenig Platz finden in der Methode der phänomenologischen Traumarbeit auch Belehrungen, da diese sogar kontraproduktiv wären und die Botschaft übermitteln, dass ein Teil der Persönlichkeit falsch wäre.

Im Mittelpunkt der phänomenologischen Traumarbeit steht vielmehr die Arbeit mit den Gefühlen der träumenden Person, die sich auf den Traum beziehen und währenddessen vorherrschen. Es geht um Selbsterkenntnis und die Wahrnehmung dessen, dass die Heilkraft von dir selbst kommt. Der Traum spiegelt demnach also nicht nur die Ursache wider, sondern zeigt auch all das, was zur Genesung gebraucht wird. Erzählt der Patient bzw. die Patientin dem Therapeuten bzw. der Therapeutin vom Traum, öffnet er sich. Bereits Freud und Jung haben hierin jedoch ein Problem erkannt, und zwar, dass Patienten und Patientinnen meistens abwehrend gegenüber negativen Gefühlen reagieren. Sie sind der festen Überzeugung, dass das, was sie geträumt haben, nicht zu ihnen gehört. Gleichzeitig fürchten sie sich aber auch davor, dass es eben doch ein Teil ihrer Selbst sein könnte. Insbesondere bei Gewalttätigkeiten im Traum ist das der Fall.

Der*Die Therapierende ist bei diesem Ansatz jemand, der den Weg zur Selbstheilung begleitet. Denn nicht immer kann man schwierige Probleme ohne externe Hilfe vollständig bewältigen und auch die phänomenologische Traumarbeit ist nur ein Therapieansatz von vielen. Schlussendlich kann man nicht generalisieren, welche Methode im Einzelfall die größten Aussichten auf Erfolg verspricht. In jedem Fall schadet es jedoch nicht, sich mit unterschiedlichen Therapiemethoden auseinanderzusetzen.

DAS TRAUM-ICH WAHRNEHMEN & BESCHREIBEN

Bei der Erforschung von Träumen und ihren Inhalten und Bedeutungen geht es vielen Wissenschaftlern und Wissenschaftlerinnen primär darum, die Metaebene von Träumen zu verstehen. Sie untersuchen, was wir während des Träumens wahrnehmen und empfinden, wobei die verschiedensten Aspekte, wie die Wahrnehmung von Gefühlen, Sinneseindrücken und Farben und deren spätere Rückerinnerung, erforscht werden. Doch bei diesen Untersuchungen stößt man immer wieder auf neue Probleme und unbekannte Erkenntnisse.

Die Analyse zahlreicher Traumberichte hat ergeben, dass Träume einen sehr großen Ich-Bezug haben. In der Tat tritt das Ich der träumenden Person in über 90 Prozent aller Träume als sogenanntes Traum-Ich in Erscheinung. Das Traum-Ich wird als das handelnde und wahrnehmende Ich des*der Träumenden beschrieben. In über 90 Prozent der Träume handelt der*die Träumende demnach selbst, während er*sie die Handlungen und Interaktionen im Traum zeitgleich so wahrnimmt wie auch im wachen Leben. Äußerst selten sind im Gegensatz dazu die Träume, in denen der*die Träumende eine pure Beobachtungsposition einnimmt und nicht selbst aktiv in die Geschehnisse eingreift.

Den größten Teil dieser Träume nehmen wir genau wie die Realität wahr. Nur ganz selten, zum Beispiel bei luziden Träumen, wissen wir als Träumer*in, dass wir uns in einem Traum befinden. Ganz gleich, wie absurd die Ereignisse in unserer Traumwelt auch sein mögen, von unserem Traum-Ich werden diese fast immer als real empfunden. Der Begriff der Realität bezieht sich hierbei jedoch nicht nur auf die Art und Weise, wie wir den Traum wahrnehmen, sondern auch auf den Grad des Realismus der Darstellung des Traumes selbst. Dabei wird ein ganz wesentliches Problem der wissenschaftlichen Trauminhaltsanalyse sichtbar – nämlich die Frage danach, was fantastisch, realistisch oder bizarr ist.

Die Begriffsdefinition der vorangegangenen Wörter ist keinesfalls einheitlich und wird von verschiedenen Menschen auch unterschiedlich interpretiert. Durchschnittlich werden circa fünfundzwanzig Prozent aller Träume als wirklich realistisch beschrieben, wohingegen nur etwa die Hälfte aller Träume als realitätsnah, jedoch erfunden beschrieben wird. Rund zehn Prozent aller Träume werden zumindest als teilweise fantastisch oder als rein erfunden bezeichnet.

Zwischen den Begriffen gibt es keine feste Grenze. Einzig und allein der Realitätscharakter ist eindeutig. Fantastisch, erfunden und bizarr kann für alles Mögliche stehen. Einige Menschen bezeichnen die Träume als bizarr, die einige für die Realität unwahrscheinliche Elemente innehaben, währenddessen andere unmögliche Elemente oder Unklarheiten in diesen Begriff miteinfließen lassen.

Das Traum-Ich ist also die Person, mit der wir uns als Träumende identifizieren. Wir nehmen sie im Traum als uns selbst wahr und blicken durch seine*ihre Augen. In erster Linie müssen wir feststellen, ob sich unser Traum-Ich **aktiv oder passiv** verhält. Ein aktives Traum-Ich symbolisiert oftmals, dass wir unser eigenes Leben selbst aktiv gestalten. Ein passives Traum-Ich ist dagegen häufig ein Zeichen dafür, dass wir bewusst gläubig oder auch ungläubig durch unser Leben gehen und alles, was geschieht, als schicksalhaft empfinden. In Therapien lässt sich zum Beispiel häufig beobachten, wie sich ein zu Beginn passives Traum-Ich mit der Zeit in ein aktives Traum-Ich verwandelt. Selten kann es sogar vorkommen, dass uns ein passives Traum-Ich darauf hinweist, dass wir uns nicht mit hektischen Tätigkeiten unter Druck setzen sollten und ruhiger werden müssen. Außerdem kann unser Traum-Ich auch **liebevoll oder aggressiv, schüchtern oder zurückhaltend** sein. Die Gefühle und Emotionen des Traum-Ichs können immer auch die eigenen Gefühle des*der Träumenden ansprechen oder als Anregung, Empfehlung oder sogar als Warnung interpretiert werden. Betrachten wir unsere Beziehungen zu anderen Menschen, kann unser Traum-Ich entweder **allein, mittendrin oder daneben** stehen. Die Positionen, die wir gegenüber anderen Traumpersonen einnehmen, sind sehr bedeutungshaltig.

Tritt unser Traum-Ich ganz allein und ohne jeglichen Kontakt zu anderen Menschen im Traum auf, deutet das auf Selbstständigkeit oder aber auch auf Einsamkeit hin. Seltener ist es ein Zeichen dafür, dass wir uns öfters zurückziehen und uns selbst besinnen sollen. Welche Bedeutung immer auch explizit angesprochen werden soll, ist für uns als Träumende beinahe immer spontan ersichtlich.

Steht unser Traum-Ich neben einem anderen Menschen, wird allein durch den räumlichen Kontakt auch eine emotionale Verbindung angesprochen. Hierbei sollten wir immer darauf achten, ob die Person, die neben uns steht, **kleiner oder größer** als wir ist, da dies ein Verweis auf Unter- oder Überlegenheitsgefühle darstellt.

Positioniert sich unser Traum-Ich **hinter** einer anderen Person im Traum, sind grundlegend zwei verschiedene Deutungen möglich. Zum einen könnte das bedeuten, dass wir im Schatten dieser Person stehen. Zum anderen könnte damit aber auch gemeint sein, dass wir die Person sind, die aus dem Hintergrund das Verhalten des anderen beeinflusst und bestimmt. Auch hier wird uns als Träumende*r direkt klar, was gemeint ist.

Befindet sich unser Traum-Ich **inmitten** einer Menschenmenge, könnte das darauf verweisen, dass wir uns mehr in das soziale und gesellschaftliche Leben integrieren sollten. Doch genauso wie bei der Deutung aller Traumsymbole kann das Stehen in der Mitte auch das genaue Gegenteil bedeuten und darauf hinweisen, dass wir uns in gesellschaftlichen Aktivitäten verlieren. Das Gefühl, das uns bei diesem Traumbild durchströmt, können wir als eindeutigen Schlüssel zur Deutung betrachten. Fühlen wir uns in der Menge gut, sollten wir uns häufiger auf gesellschaftliche Aktivitäten einlassen. Fühlen wir uns in der Menge hingegen schlecht, sollten wir diese meiden.

Steht unser Traum-Ich **höher** als eine andere Person, ist dies eine Anspielung auf unser Selbstbewusstsein und unsere Selbsterhöhung, welches sehr oft entweder zu hoch oder zu niedrig ist. Befindet sich unser Traum-Ich **in der Stadt oder in einer Landschaft in erhöhter Position**, ist das ein Anzeichen dafür, dass ein größerer Überblick notwendig ist. Denn auch im Traum bedeutet "oben" Intellekt oder Bewusstsein.

Tritt unser Traum-Ich in einer **niedrigen und unteren Position** in Erscheinung, ist dementsprechend ein geringes Selbstbewusstsein oder auch ein fehlender Überblick gemeint. Im Traum symbolisiert unten außerdem die Triebe, die materiellen Notwendigkeiten und unsere praktischen Talente.

Unser Traum-Ich hat oftmals eine erweiterte Identität, die es gilt, mit verschiedenen Fragetechniken wahrzunehmen und zu beschreiben. Denn dadurch können wir auch die unbewussten Teile unserer Persönlichkeit entdecken.

Fragestellungen:

- ❖ Was sind die Intentionen und Ziele des Traum-Ichs in der jeweiligen Situation?
- ❖ Worin unterscheiden sich die Ziele meines Traum-Ichs von den Zielen meines „echten" Ichs?
- ❖ Welche Parallelen lassen sich zwischen meinem Traum-Ich und meinem „echten" Ich erkennen?
- ❖ Welche Position nimmt mein Traum-Ich gegenüber anderen Traumpersonen ein?
- ❖ Welche Eigenschaften hat mein Traum-Ich?
- ❖ Was fühlt mein Traum-Ich?

Primär liegt der eigentliche Nutzen der Traumarbeit darin, dass der*die Träumende selbst reflektiert, nachfühlt und darüber nachdenkt, welche im Traum eventuell angedeuteten Probleme es in der Realität zu lösen gilt. Hierbei wird die Symboldeutung eher außer Acht gelassen. Stattdessen liegt der Fokus auf den Gefühlen, Gedanken und Handlungen des Traum-Ichs, sodass ein Vergleich zur eigenen realen Welt gezogen werden kann.

Die persönliche Auseinandersetzung mit den eigenen Trauminhalten kann zum Beispiel anhand einer **Gestalttherapie** erfolgen. Dabei schlüpft man selbst in die Rolle einer Person im Traum oder in die eines Gegenstandes, wobei man einen Dialog mit dem Traum-Ich führt, bis man das Traumgeschehen besser verstanden hat. Dabei kann man sich an das folgende simple Vorgehen halten:

Schritt 1: Die Vergegenwärtigung des Traumes:
Woran kann ich mich erinnern?

Schritt 2: Die Aufschlüsselung der Trauminhalte:
Wie fühle ich mich im Traum?

Schritt 3: Die Untersuchung der Traumhandlungen:
Wie handle ich im Traum?

Schritt 4: Das Traum- und das Wacherleben vergleichen:
Was hat der Traum mit meinem Leben gemeinsam?

Schritt 5: Die Suche nach Lösungsansätzen:
Gibt es in der Traumwelt Lösungen?

Schritt 6: Die Umsetzung der Lösungsansätze:
Wie kann ich die Lösungen in der Wachwelt umsetzen?

Nach: Schredl, M. (2013). Träume – Unser nächtliches Kopfkino (2. Auflage). Springer Spektrum.

Außerdem kann auch ein Traumtagebuch die Methodik der Traumarbeit erheblich erleichtern. Genauere Information zum Führen eines Traumtagesbuchs folgen deshalb in einem nachfolgenden Kapitel. Abschließend lässt sich definitiv sagen, dass unsere Träume das Potential bergen, unser eigenes Leben in die Welt umzuwandeln, die wir uns erträumen.

VERSTECKTE BOTSCHAFTEN ENTSCHLÜSSELN

Es ist nur wenig hilfreich, ein Traumsymbol und damit versteckte Botschaften in einer Suchmaschine nachzuschlagen. Denn es geht darum, das Traumsymbol für sich selbst zu deuten, und das ist gar nicht immer so einfach. Suchmaschinen und Lexiken können einem zwar den richtigen Pfad aufzeigen, jedoch können sie in keinem Fall eine genaue Aussage treffen. Das Traumsymbol „fliegen" bedeutet zum Beispiel für eine Person mit Flugangst etwas ganz anderes als für eine Person, die sehr abenteuerlustig ist. Vielmehr müssen wir versuchen, unsere Traumhandlung inklusive der Traumbilder mit den im Traum erlebten Gefühlen in einem subjektiven Zusammenhang zu deuten.

Als Marie vierzehn Jahre alt war, war sie beim Handball angemeldet. Sie fing aber durch die Pubertät langsam an, ihr Interesse daran zu verlieren, und wollte etwas anderes machen, doch ihre Eltern wollten unbedingt, dass sie weiter trainiert. Ihr kam die Idee, dass sie ihren Eltern einfach vorspielen würde, dass sie regelmäßig zum Training gehen würde, obwohl sie währenddessen ganz anderen Aktivitäten nachging. Lange Zeit ging dieses Vorhaben auch gut, doch irgendwann begann Marie, ständig diese Träume zu haben.

Immer wieder träumte sie von einem Gefühl der Enge, das sich in den unterschiedlichsten Szenarien im Traum widerspiegelte. Zunehmend hatte sie Träume, in denen sie ihre Kleidung nicht finden konnte und nackt war, und wenn sie sie dann fand, war sie viel zu klein, sodass sie diese nicht anziehen konnte. In manchen Nächten träumte sie auch davon, dass ihre Trainingsbekleidung zu eng war und sie sie nicht anziehen konnte. In anderen Nächten hingegen war sie vom Training so verschwitzt, dass ihre Kleidung regelrecht an ihr klebte und sie sie nicht mehr ausziehen konnte. Während dieser Zeit hatte sie viele weitere solcher Träume.

Damals ahnte sie noch nicht, dass sie ihre Träume darauf aufmerksam machen wollten, dass ihre Lüge, die sie gegenüber ihren Eltern immer noch aufrecht erhielt, nicht mehr lange gut gehen würde. Doch sie ignorierte die Hinweise, die ihr ihre Träume geben wollten, weiter. Nach einigen Monaten wollten ihre Eltern sie dann eines Nachmittags vom Training abholen und führten ein Gespräch mit ihrem Trainer, bei dem sie erfuhren, dass Marie bereits seit Monaten nicht mehr zum Training gekommen ist.

Erst dann war Marie bewusst, dass ihr Unterbewusstsein seit Monaten Angst vor diesem Moment hatte, in dem ihre Lüge auffliegt. Tief im Inneren wusste sie schon lange, dass das nicht ewig gut gehen würde. Doch dadurch, dass sie ihre Angst in Wirklichkeit verdrängte, kam diese in ihren Träumen zum Vorschein und wurde präsent. Das Engegefühl sowie das Gefühl der Entblößung, denen sie in so vielen Traumszenen zuvor begegnete, glichen dem Gefühl, das Marie spürte, als sie ihre Eltern zur Rede stellten.

Hätte sie bereits im Traum erkannt, dass ihr ihr eigenes Unterbewusstsein so lange Zeit mitteilen wollte, dass sie etwas gegen dieses Gefühl unternehmen kann – nämlich mit ihren Eltern zu reden, dass sie aufhören möchte –, wäre ihr diese unangenehme Enttäuschung ihren Eltern gegenüber erspart geblieben und sie hätte zudem das Gefühl der Entblößung und der Enge viel eher loswerden können. Doch auf diesem Weg musste ihr erst einmal die Realität beweisen, dass sie nicht den richtigen Weg eingeschlagen hatte.

Träume wollen uns also tatsächlich etwas mitteilen und sie haben eine verschlüsselte Botschaft inne. Oftmals sind Träume zusammenhängend. Deshalb solltest du nicht immer nur einen Traum beobachten, sondern schauen, wie deine Träume über eine längere Zeitspanne verbunden sind. Außerdem lohnt es sich, ein Traumtagebuch zu führen, weil wir uns nicht immer an unsere Träume erinnern können. Besonders Details sind wichtig, weil auch im Traum alles eine Bedeutung hat und demnach jeder kleine Aspekt wichtig sein kann und auf andere Dinge hinweist. Versuche, deine Traumerlebnisse aufzubrechen – in deine empfundenen Gefühle, die wahrgenommenen Symbole und Bilder und die Handlungen, die sich vollzogen haben. Dann solltest du all deine Erkenntnisse auf der Grundlage deiner eigenen Persönlichkeit deuten. Hierfür bietet sich zum Beispiel die Technik der freien Assoziation super an.

Anleitung:

Nimm dir einfach eine Mindmap oder einen Zettel und halte deine Traumzeichen (zum Beispiel sprechende Tiere, Zeitreisen, seltsame Formen) darauf fest. Schreibe zudem clusterförmig all das auf, was dir beim Gedanken an das Traumzeichen spontan in den Sinn kommt. Ganz gleich, wie absurd es auch scheinen mag, niemand kennt deine Persönlichkeit besser als du selbst.

Jetzt kannst du mit der Traumdeutung beginnen. Betrachte die Informationen, die du dabei im Vorfeld gewonnen hast, als einzelne Puzzleteile, die du Schritt für Schritt versuchst, zu einem großen Ganzen zusammenzusetzen.

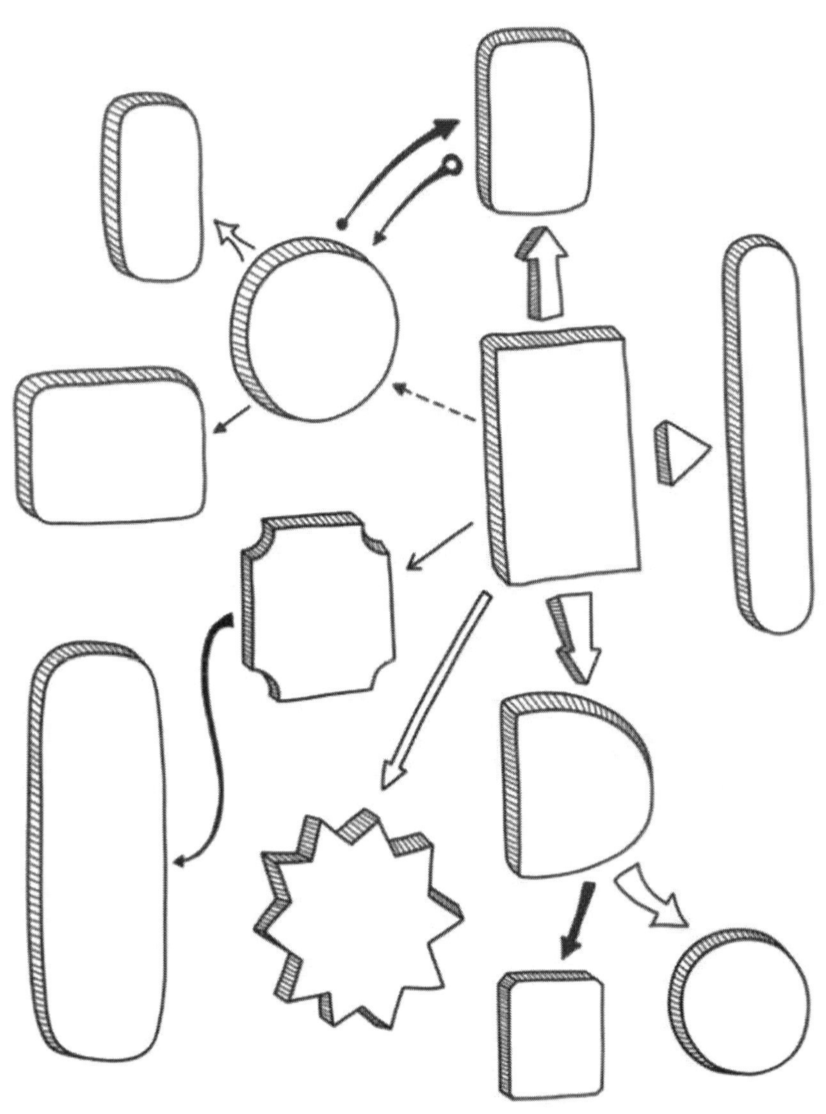

DIE ERZÄHLUNG DES TRAUMS ALS POETISCHES DRAMA

Ein weiterer Versuch der Traumdeutung ist, zu Beginn erst einmal das Umfeld und die Situation, in der du dich im Traum befindest, zu deuten. Das wird dir Hinweise über den großen Zusammenhang deines Traumes geben. Denn genau wie das Drehbuch eines Spielfilms die einzelnen Filmszenen auf eine Art und Weise gestaltet, welche es dann wiederum dem Publikum ermöglicht, die Geschichte zu verfolgen und nachzuvollziehen, so verleiht auch der menschliche Geist den Traumszenen ganz bestimmte Formen, in denen wir ausreichend Anhaltspunkte finden, um den Ablauf unseres Traumes zu verstehen.

Anschließend versuchst du, die einzelnen Traumsymbole, die in deinen Traumbildern erschienen sind, zu entziffern. Sie könnten versteckte Andeutungen, Anspielungen oder Wortassoziationen sein. Betrachte nun die einzelnen Personen, die im Traum erschienen sind, wie die Figuren aus einem Drama. So wird dir die Bedeutung jener durch ihre Handlungen einleuchten.

Oftmals scheint es, als hätten die einzelnen Szenen eines Traumes keinen inneren Zusammenhang und als würden sie ohne Zweck und Sinn hin- und herwechseln. Der menschliche Geist setzt bezüglich dessen, was an die Oberfläche gelangt, subjektive Schwerpunkte, wodurch eine bestimmte Art der Ordnung entsteht. Sobald das Thema des Traumes erst einmal klar zum Vorschein kommt, ist es uns möglich, die unterschiedlichen Teilaspekte dessen zu definieren und die Traumsymbole zu deuten.

Man geht davon aus, dass die Sprache der Träume ähnlich wie das Erlernen einer neuen Sprache funktioniert. Sie verarbeitet allgemeine Themen und akzeptierte Bedeutungen, doch genauso wie andere Sprachen hat auch die Sprache der Träume ihre ganz eigenen Dialekte. Dabei hat wiederum auch jeder einzelne von uns seinen*ihren ganz persönlichen Traumdialekt, den wir auf unsere eigene Familiengeschichte, unsere Gefühle und Wahrnehmungen und unsere persönlichen Erfahrungen zurückführen können. Deshalb gibt es auch nur eine einzige Traumdeutung, die wirklich gültig ist – nämlich die eigene.

Doch andere Menschen, die dieselbe Sprache wie wir sprechen, können uns helfen, unsere Traumsprache zu deuten, oder sie können uns sogar ganz neue Begrifflichkeiten beibringen. Denn die Deutung eines Traumes, in dem du dich in einem Fischerboot aufhältst und einen gigantischen Fisch fängst, kann für dich und jemand anderen ganz unterschiedlich ausfallen. Bist du zum Beispiel ein*e

Fischer*in, kannst du den Traum als Hinweis auf deine Arbeitssituation interpretieren, doch wenn du kein*e Fischer*in bist, drängt sich die Frage in den Vordergrund, ob du die Fähigkeiten hast, Erfolg im Leben zu haben, und es wird zudem auf die damit verbundenen Gefühle angespielt.

Anleitung:
Sobald du aus deinem Traum erwachst, solltest du deinen Traum schriftlich festhalten. Nimm dir dein Traumtagebuch zur Hand und schreibe alles auf, an das du dich erinnern kannst. Versuche zudem, deinen Traum als eine Dramakurve festzuhalten, um so deine Trauminhalte besser deuten und verstehen zu können.

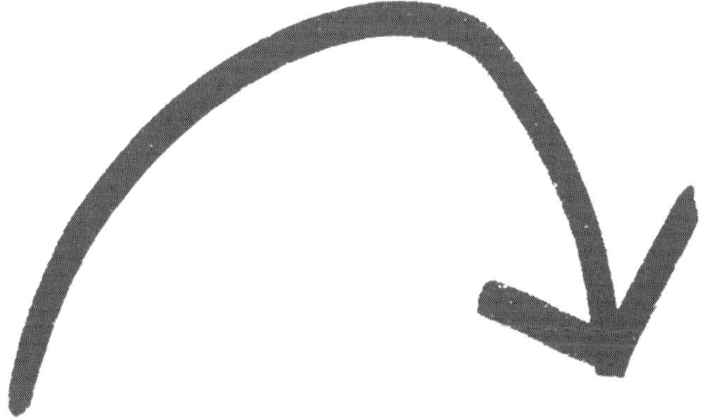

In einigen Methoden der Traumdeutung werden die Träume also zum Beispiel als existenzielle Botschaften betrachtet, wobei die rein verbale Arbeit mit den Symbolen und Trauminhalten durch die szenische Darstellung und durch ausgewählte Dialoge des Traumes ersetzt wird. Dadurch gelingt es den Träumenden, die im Traum auftretenden Personen sowie Gegenstände als enteignete Teile ihrer Selbst und ihrer Umgebung zu erkunden, kennenzulernen und zu integrieren. So kannst du kreativ und gestalterisch entdecken, was dir dein Traum mitteilen möchte.

DAS TRAUMTAGEBUCH

Nun bist du so weit, dass du die Träume, an die du dich am Morgen erinnerst, in einem Traumtagebuch schriftlich festhalten kannst. Traumtagebücher können über einen ganz beliebigen Zeitraum – und wenn du möchtest, sogar für den Rest deines Lebens – geführt werden. Es gibt viele verschiedene Gründe, warum du deine Träume notieren solltest. Sie helfen dir, wiederkehrende Traumsymbole und Muster zu erkennen, wodurch du sehr interessante Rückschlüsse auf dein eigenes psychisches Erleben ziehen kannst. Du lernst, deine unbewussten psychologischen Prozesse zu verstehen, da Träume immer auch eine Abkürzung zu deinem Unbewussten sein können. Wenn du lernst, wie du die Symbole und Motive in deinen Träumen richtig deuten kannst, wirst du auch herausfinden, was dich wirklich beschäftigt. Auch die Themen, denen du im Alltag vielleicht zu wenig Aufmerksamkeit schenkst, werden beleuchtet. Daran anknüpfend kannst du durch deine eigene Traumbeobachtung früh erkennen, wenn deine Psyche mal aus dem Gleichgewicht geraten sein sollte. Denn wiederkehrende negative Muster im Traum sind immer ein Indiz dafür, dass du etwas für deine psychische Balance tun solltest. Letztlich sind Träume auch eine großartige Quelle der Inspiration und verleihen deinem Kreativitätspotenzial neue Funken.

Ein besseres Verständnis deines Verhaltens und deines eigenen Wesens, ein optimiertes intuitives Erfassen und ein reicheres geistiges Leben mögen sich zwar nicht direkt über Nacht einstellen, jedoch sind sie auch für dich erreichbar, wenn du dich darum bemühst. Wie so oft im Leben werden die Menschen erfolgreich sein, die ihr Vorhaben organisieren und nicht aufgeben, bis sie ihre Ziele erreicht haben. Mit dem Führen eines Traumtagebuchs versucht du, möglichst ein vollständiges Profil deiner bewussten sowie deiner unbewussten Persönlichkeit zu erstellen, dich selbst besser kennenzulernen und zu wachsen. Als kleine Unterstützung findest du in diesem Kapitel deshalb ganz grundlegende Schritte, um deiner individuellen Trauminterpretation ein Stückchen näher zu kommen.

Ein Traumtagebuch ist das Herzstück einer jeden Traumdeutung. Dabei gibt es nicht die eine richtige Art, ein Traumtagebuch zu führen. Doch in jedem Fall solltest du deine Aufzeichnungen von Anfang an organisieren und strukturieren. Am besten schreibst du deine Träume auf einem DIN-A4-Blatt nieder und planst ausreichend Platz ein. Die einzelnen Blätter kannst du dann anschließend in einem Ordner abheften.

☐ Vollständiger Traum ☐ Bruchstück

Datum:

Beschreibung des bewussten Selbst:

Art des Traumes:

Milieu und Zeit:

Traumerzählung:

GEGENSTÄNDE UND SYMBOLE

Beschreibung	Allgemeine Bedeutung	Bedeutung für mich

CHARAKTERE UND FIGUREN

Gestalt oder Figur	Bedeutung	Art

Situation vor dem Traum:

Gedanken und Gefühle beim Erwachen:

Meine Traumdeutung:

Erklärungen:

* *Vollständiger Traum oder Bruchstück:* Hier trägst du ein, ob du vollständige Erinnerungen an deinen Traum hast oder ob diese nur fragmentarisch sind. Je tiefer dein Zugang zu deinem Unbewussten ist, desto besser wirst du dich vollständig an deine Träume erinnern können bzw. umso besser wird es dir gelingen, einzelne Bruchteile der im Traum vorkommenden Informationen zusammenzusetzen.

* *Datum:* Schreibe am nächsten Morgen das Datum des auf den Traum folgenden Tages auf.

* *Beschreibung des bewussten Selbst:* In deinen Träumen ist dein bewusstes Selbst, entweder in Form des Publikums oder als Beobachter*in, anwesend. Gelegentlich wird dir auffallen, dass dein bewusster Geist im Traum die Rolle eines enthüllenden Charakters einnimmt, oder er übt Handlungen aus, die diesem die Einsicht erleichtern. Welche Einstellung hat zum Beispiel dein bewusstes Selbst gegenüber den Prozessen im Traum? Hast du Angst? Fühlst du dich unwohl? Ist dein bewusstes Selbst vollständig anwesend? Vielleicht bist du im Traum größer als in Wirklichkeit oder dir fehlt eines deiner Glieder? Geht es dir gut? Hast du dasselbe Geschlecht und das gleiche Alter? Welche Beziehung hast du im Traum zur Handlung und beobachtest du diese nur oder nimmst du vielleicht sogar aktiv teil? Die Antworten auf all diese Fragen geben oftmals die Richtung der gesamten Interpretation an.

* *Art des Traumes:* Welchem Typ lässt sich dein Traum zuordnen? Ist es ein archetypischer Traum? Tritt ein Schatten auf? Spiegelt er Anima oder Animus wider? Vielleicht ist es aber auch ein Angsttraum, ein Warntraum oder ein Wunschtraum? Versuche bei der Bestimmung, die Traumart als nicht zu starr anzusehen. Vielmehr ist sie eine Richtlinie, die dir helfen soll. Oftmals überschneiden sich die verschiedenen Traumarten sogar.

* *Milieu und Zeit:* Der Zeitraum, in dem die Handlung deines Traumes spielt, gibt dir wichtige Anhaltspunkte für deine Traumdeutung. Findet dein Traum in deiner Kindheit statt, bedeutet das, dass tief in deinem Inneren ein Bedürfnis oder ein Wunsch, in diese Zeit zurückzukehren, liegt. Selbst wenn du nicht herausfinden kannst, in welchem Zeitrahmen dein Traum spielt, liefert dir das eine wichtige Erkenntnis, weil dein Traum dann um etwas Höherliegendes kreisen könnte. Das Milieu ist aus ähnlichen Gründen entscheidend. Spielt sich die Traumhandlung an einem Ort ab, den du oft besuchst (das eigene Zuhause oder der Arbeitsplatz), hast du bereits eine vorgegebene Richtung. Doch wenn der Ort dir vollkommen unbekannt ist, eröffnen sich verschiedene Möglichkeiten und Ansätze für deine Interpretation. Gibt es den Ort wirklich oder ist er ein Einfall deiner Fantasie? Befindest du dich auf dem Boden, in einem Gebäude, fliegend in der Luft oder im Wasser? Wenn du in einem Gebäude bist, wie groß ist es? Welche Beschaffenheit haben die Wände? Bist du oberhalb oder unterhalb der Erde? Befindest du dich auf dem Land oder in der Stadt? Wenn du den Ort deiner Handlung deutlich visualisieren kannst, erlangst du gleichzeitig auch eine bedeutende symbolträchtige Aussage.

* *Traumerzählung:* Beim Unterpunkt der Traumerzählung solltest du deine Traumhandlung so ausführlich wie möglich beschreiben. Vor allem ist die Frage danach, wer wem etwas tut, wichtig. Viele der in unseren Träumen auftretenden Personen versinnbildlichen in Wirklichkeit uns selbst. Das ermöglicht es dir, Einsichten in die wechselseitigen Beziehungen zwischen den zahlreichen Formen deiner Selbst und in deine inneren Konflikte zu erlangen. Versuche, dich darüber hinaus auch an alle anderen Details deines Traumes zu erinnern. Wie war das Wetter? Schien die Sonne oder hat es geregnet? Hast du irgendwelche Gerüche wahrgenommen? Spielte Musik? Kamen in der Handlung Menschen vor, die außerhalb der Haupthandlungen (an der dein bewusstes Selbst teilnimmt oder zuschaut) andere Handlungen vollzogen haben? Taten sie dies vielleicht sogar in kleinen Gruppen? Bewegtest du dich in einem Fahrzeug vorwärts und falls ja, in welchem? Spricht außer dir noch jemand anderes? Läufst du vor etwas weg? Weinst oder lachst du? All das sind mögliche symbolische Handlungen, die in deinen Träumen auftreten können. Jede einzelne Handlung ist wichtig, denn alle Handlungen liefern dir Daten für deine eigene Traumanalyse.

* *Gegenstände und Symbole:* Die Gegenstände und Symbole im Traum beziehen sich immer auf das Traummilieu. Versuche, jeden leblosen Gegenstand, an den du dich erinnern kannst, wiederzugeben. Wenn du etwas schreibst, gib an, welches Schreibzeug du dafür benutzt und auf was du schreibst. Kam in deinem Traum ein Tisch voller Essen vor, schreib jedes einzelne Nahrungsmittel auf, an das du dich erinnern kannst. Warst du in einem Zimmer, versuche, dich daran zu erinnern, welche Möbel im Raum standen, welche Bilder an den Wänden hingen und welche Deko auf dem Tisch stand. Oder bist du vielleicht in einem Fortbewegungsmittel gewesen? Welches war es? Warst du in einem Boot, dann gib auch an, welche Ausrüstung vorhanden war. Welche Kleidung hatten die im Traum auftretenden Personen an? Von besonders hohem symbolischen Wert sind insbesondere Dinge wie Formen, Farben, Geld, Wasser, Waffen, pflanzliches Leben und Fahrzeuge. Saßt du zum Beispiel in einem Boot, hattest aber keine Ruder, sondern konntest stattdessen nur mit Stöckern rudern, steht die Nutzlosigkeit des Ruderns ganz deutlich im Zusammenhang mit deinen eigenen Gefühlen bzw. deiner aktuellen Lebenslage.

* *Charaktere und Figuren:* Liste jede Gestalt auf, die du im Traum wahrgenommen hast. Anschließend beschreibst du sie so genau wie möglich. Dann kannst du versuchen, zu ermitteln, ob es sich dabei um eine Schattenfigur oder um deine Anima bzw. deinen Animus handelt. Dabei wirst du häufig feststellen, dass viele dieser Charaktere eigentlich dich selbst repräsentieren. Viele Male wirst du verschiedene Masken tragen, weil es so viele unterschiedliche Formen deiner Selbst gibt. Mit der Zeit wirst du dich mit all diesen Figuren anfreunden und Hand in Hand gemeinsam mit ihnen gehen. Auch in deinem bewussten Leben wirst du feststellen, wie du immer mehr auf deinen eigenen zwei Beinen stehen kannst. Du wirst schwierige Lebenslagen meistern, weil du sie richtig einschätzen kannst. Und du wirst Schwierigkeiten überwinden, weil du ihnen nun gewachsen sein wirst. Großen Widerständen trittst du mit ganz viel Mut entgegen, den du bisher nicht aufbringen konntest, und auch negativen Umständen wirst du nun etwas Positives abgewinnen können.

* *Situation vor dem Traum:* Jeder Traum fügt sich in ein großes Gesamtbild ein und muss dementsprechend auch interpretiert werden. Die Gesamtsicht des Traumes, eingebettet in den Kontext, ist für die spätere Analyse wichtig. Darein einfließen sollte deshalb immer auch die aktuelle psychische Situation, um Vergleiche ziehen zu können. Da psychische Situationen unsere Träume jedoch nicht so stark variieren, ist das nicht für jeden Traum unbedingt notwendig. Von Zeit zu Zeit reicht es wahrscheinlich sogar aus, das nur einmal pro Woche oder vielleicht sogar nur einmal pro Monat festzuhalten. In der Praxis hat es sich bewährt, etwa alle dreißig Tage ein besonderes Blatt mit einer Zusammenfassung deiner psychischen Situation anzufertigen. Dadurch würde es auch genügen, wenn du bei deinen täglichen Einträgen lediglich einige Stichworte niederschreibst.

* *Gedanken und Gefühle beim Erwachen:* Das Aufzeichnen deiner Gefühle bezüglich deiner Traumerlebnisse ist enorm wichtig. Erwachst du aus deinem Traum mit einem Schrecken, gibt es dafür einen Grund, oder du erwachst und fühlst dich sicher und weißt, dass alles gut wird. Vielleicht möchtet du das Vorhersehung nennen, doch mit Sicherheit sind solche Gefühle Anzeichen dafür, dass du Fortschritte damit machst, dich bestimmten Figuren in deinem Inneren zu stellen oder vielleicht sogar Konflikte zu überwinden. Höre immer auf die Gefühle, die dir dein Inneres zu vermitteln versucht. Deine Träume können dir weiterhelfen und dich leiten. Solltest du einmal aus einem Traum erwachen, der dir ein Gefühl der Vorahnung und Warnung vermittelt, dann zögere bitte nicht, bestimmte Vorsichtsmaßnahmen zu ergreifen, denn Vorsicht schadet nie. In vielen Fällen konnten Vorahnungen in Träumen sogar nachgewiesen werden. Träumst du zum Beispiel von einem bestimmten Körperteil, das eine Störung hat, schenkst du diesem folglich auch viel mehr Aufmerksamkeit. Träumst du, dass du irgendetwas verlierst, das für dich wertvoll ist, solltest du im Wachzustand beobachten und aufmerksam sein. Manchmal sickern aus konkreten Umständen auch Dinge in unser Unbewusstes, die unserem Bewusstsein entgangen sind. Gerne kannst du auch eine kleine Skala einbauen, auf der du markierst, wie intensiv die Wahrnehmung deiner Gefühle war. Am wichtigsten ist jedoch, dass du beim täglichen Festhalten deiner Gefühle schaust, wie sich gewisse Tendenzen in deiner Gefühlswelt entwickeln. Du wirst sehen, ob du dich weiterentwickelst, zurückfällst oder vielleicht sogar auf der Stelle stehen bleibst. Denn erst, wenn man seine Probleme kennt, kann man auch etwas gegen diese tun.

* *Traumdeutung:* Zuletzt schreibst du auf, was der Traum für dich persönlich bedeutet. Blende dabei aus, welche Bedeutung er für eine außenstehende Person haben könnte. Denn es geht darum, dein eigenes, inneres, privates Selbst besser zu verstehen und zu verbessern. Die positiven Nebeneffekte deines **besseren Selbstverständnisses** werden sich bald schon deinem Umfeld offenbaren. Andererseits kann man auch nicht bestreiten, dass ein Gespräch mit einer anderen Person über die eigenen Trauminhalte unter Umständen gut und gewinnbringend sein kann. Denn so kannst du deine Einsichten eventuell sogar noch vertiefen oder einzelne Bruchstücke besser zu einem Ganzen zusammensetzen. Wichtig ist nur immer, dass du deine Vertrauten mit Bedacht auswählst, denn du führst sie in die Tiefen deiner Selbst ein.

Der Selbsttest

1.) Wie oft kann ich mich an meine Träume erinnern?

- ☐ Immer
- ☐ Ziemlich oft
- ☐ Selten
- ☐ Nie

2.) Habe ich oft Albträume?

- ☐ Ja, sehr oft
- ☐ Manchmal
- ☐ Selten
- ☐ Fast nie

3.) Träume ich eher von positiven oder von negativen Dingen?

- ☐ Nur positiv
- ☐ Nur negativ
- ☐ Neutral
- ☐ Eher positiv
- ☐ Eher negativ
- ☐ Das kann ich nicht genau sagen

4.) Wovon träume ich am häufigsten?

- ☐ Naturkatastrophen
- ☐ Fliegen
- ☐ Fallen
- ☐ Tod
- ☐ Verfolgung
- ☐ Liebe
- ☐ Sex
- ☐ Lähmung
- ☐ Entführung
- ☐ Schmerzen

5.) Welches der folgenden fünf Grundthemen ist in meinem Leben momentan präsent, sodass ich mich mit ihm unbewusst beschäftige?

- ☐ Das Problem zwischen Männern und Frauen
- ☐ Das Bewusstsein von Recht und Unrecht
- ☐ Die Entscheidung, ob ich Sicherheit oder Freiheit wähle
- ☐ Lebens- sowie Todesangst
- ☐ Liebe und Hass in der Eltern-Kind-Beziehung

6.) Wie viele Stunde schlafe ich pro Nacht?

- ☐ Mehr als 8 Stunden
- ☐ 6 bis 8 Stunden
- ☐ Weniger als 6 Stunden

7.) Träume ich in Farbe oder in schwarz-weiß?

- ☐ In Farbe
- ☐ In schwarz-weiß
- ☐ Ich weiß es nicht

8.) Von wem träume ich am meisten?

- ☐ Von meiner Familie
- ☐ Von Bekannten und Freunden
- ☐ Von Fremden
- ☐ Von mir selbst
- ☐ Das weiß ich nicht genau

9.) Schlafe ich durch oder wache ich in der Nacht auf?

- ☐ Ich schlafe durch
- ☐ Ich werde mehrmals in der Nacht wach
- ☐ Ich wache höchstens einmal in der Nacht auf, um auf Toilette zu gehen

10.) Treten in meinen Träumen wiederkehrende Symbole auf?

- ☐ Ja
- ☐ Nein

11.) Wie fühle ich mich am nächsten Morgen?

- ☐ Gut
- ☐ Schlecht
- ☐ Ausgelaugt
- ☐ Energiegeladen

Hilfe: Was tun bei schlechtem Schlaf?

ADIEU ZU ALBTRÄUMEN: DAS TRAUM-ICH POSITIV BEEINFLUSSEN LERNEN

Jeder von uns wird hin und wieder von Albträumen gepackt. Meistens kommen sie in der Finsternis, hinterlassen kleine oder große Grauen und verblassen erst wieder allmählich in der Morgendämmerung. Doch manchmal verfolgen uns unsere bösen Träume aus der Nacht noch den ganzen nächsten Tag lang und lassen uns am Abend nur schwer wieder einschlafen.

Albträume werden als Träume mit so starken negativen Emotionen definiert, dass die Träumenden daraus erwachen. Besonders charakteristisch für Albträume sind negative Gefühle wie Angst, Ärger, Trauer oder Ekel. Meistens treten diese Gefühle in der zweiten Hälfte der Nacht auf und häufig sind sie so stark, dass sie uns erwachen lassen. Im Gegensatz zum Albtraum tritt der sogenannte Pavor nocturnus meistens in der ersten Hälfte der Nacht auf und bezeichnet ein Aufschrecken aus dem Tiefschlaf.

Aus diesem Grund ist er vom Albtraum abzugrenzen, denn die Betroffenen können sich in der Regel nur an einzelne Traumbilder erinnern, die bedrohlich wirken. Sobald sie wieder in den Schlaf finden, verschwinden die nächtlichen Geschehnisse gänzlich aus dem Gedächtnis. Besonders häufig von Albträumen betroffen sind Kinder zwischen dem sechsten und dem zehnten Lebensjahr. Sie durchleben öfter gelegentliche Albträume als Erwachsene. Dabei träumen etwa fünf Prozent aller Kinder in mindestens einer Nacht der Woche schlecht. Jedoch zeigen Studien, dass auch rund vier Millionen erwachsene Deutsche regelmäßig Albträume haben.

Albträume sind mit intensiven Emotionen verbunden, weshalb wir uns oftmals bis ins kleinste Detail an diese eigentlich harmlosen Träume zurückerinnern. Auch wenn jeder von uns unterschiedliche Alltagsrealitäten durchlebt, ähneln sich unsere Traumwelten doch bemerklich. Typische Themen von Albträumen sind Bedrohliches, Verletzungen, Verfolgungen, Gelähmtsein, Zuspätkommen, das Fallen ins Bodenlose oder der Tod von nahestehenden Menschen oder einem selbst.

Die Ursache von Albträumen ist ein Zusammenspiel aus Prädispositionen (Gene und Persönlichkeit) und aktuellem Stress. Zudem werden auch Traumata oftmals mit Albträumen in Verbindung gebracht. Nach körperlicher Misshandlung, sexuellem Missbrauch oder Erlebnissen in Kriegsgebieten treten Posttraumatische Belastungsstörungen sehr häufig auf, bei denen Albträume ein Leitsymptom sind. Jedoch können Albträume auch ohne eine vollständig ausgeprägte PTBS Folge von traumatischen Geschehnissen sein. Zuletzt darf auch nicht vergessen werden, dass sie darüber hinaus im Rahmen von anderen psychischen Erkranken oder als Nebenwirkungen von Medikamenten auftreten können. Aus wissenschaftlicher Sicht ist bislang ungeklärt, ob Träume im Allgemeinen eine Funktion haben. Eine Vielzahl von Psychologen und Psychologinnen, Neurologen und Neurologinnen und Schlafforschern und Schlafforscherinnen geht heutzutage aber davon aus, dass Albträume definitiv keine Funktion haben. Demnach repräsentieren Albträume eine Überlastung des eigenen Systems, was sich zum Beispiel im Erwachen widerspiegelt. Auf der anderen Seite vertreten einige Forscher*innen die Theorie, dass Albträume dazu dienen, den Umgang mit gefährlichen Situationen zu trainieren. Da Betroffene am Tag jedoch in ihrer Stimmung und ihrer Leistungsfähigkeit eingeschränkt sind, weist diese Theorie ganz klare Lücken auf. Die Mehrheit der Menschen betrachtet Albträume als total normale und gelegentlich auftretende Unannehmlichkeiten.

Es gibt jedoch auch Menschen, für die Albträume eine fast allnächtliche Realität sind. Wer abends kaum einschlafen kann, weil er sich so große Sorgen macht, dass er in der Nacht schlecht träumt, und wer am nächsten Morgen mit verstörenden Gefühlen aufwacht, dem rauben Albträume nicht nur den Schlaf, sondern auch die Lebensqualität. Meiden wir Situationen, in denen wir mit unserer eigenen Angst konfrontiert werden, lösen wir sie keinesfalls, sondern umgehen sie lediglich und schieben sie temporär beiseite. Wir lernen nicht, sie auszuhalten oder sie zu bewältigen, denn ganz im Gegensatz dazu wird unsere Angst immer größer und größer und es entsteht eine Angst vor der Angst selbst. Deshalb versuchen manche Menschen, die von Albträumen geplagt werden, ihren Schlaf, so weit es nur möglich ist, hinauszuzögern. Andere spielen sie herunter, um sich nicht mit ihnen auseinandersetzen zu müssen, und wieder andere nutzen Traumfänger, um ihre Albträume einzufangen. Die nächtlichen Filme während des Schlafens können uns so einiges über unsere eigene Persönlichkeit verraten. Verfolgungsträume signalisieren uns zum Beispiel häufig, dass wir uns unseren eigenen Ängsten nicht stellen. Die wirksamste Form, um das Phänomen der Angst unter Kontrolle zu bekommen, ist die bewusste Auseinandersetzung mit den Albträumen. Es ist möglich, mit Albträumen positiv umzugehen und so das nächtliche Kopfkino für sich selbst zu nutzen. Und das Allerbeste ist, dass das Therapieprinzip denkbar einfach ist.

Zuerst geht es um die Konfrontation mit der eigenen Angst, bevor im zweiten Schritt eine Strategie zur Bewältigung erlernt wird. Mit der Hilfe der eigenen Wachfantasie versucht man anschließend, eine Lösung für das belastende Traumerlebnis zu finden. Durch das Training wird diese Strategie dann in den Traum integriert, denn wenn wir die Denkweise erst einmal verinnerlicht haben, wenden wir diese in der Regel auch in unseren Albträumen mit vollkommen anderen Inhalten erfolgreich an. So gelingt es uns, unseren eigenen Angstkreis zu durchbrechen.

Imagery Rehearsal Therapy:

Schritt 1: Konfrontation durch Aufschreiben

Im ersten Schritt schreibst du deinen Albtraum, entweder direkt in der Nacht oder am nächsten Morgen, in dein Traumtagebuch nieder. An manchen Tagen mag dieser Schritt belastend für dich sein, weil du dich durch das Aufschreiben möglicherweise an mehr Details erinnerst, als dir vielleicht lieb ist. Doch vielen Menschen hilft dieser Schritt und die Häufigkeit von Albträumen senkt sich bereits von ganz allein. Zudem gilt: Je besser du deinen Albtraum kennst, umso leichter wird es dir auch fallen, dir eine effektive Strategie zu überlegen. Kinder können ihren Albtraum gerne aufzeichnen. Dabei genügt es auch, wenn sie die wichtigste Szene mit ihrem Traum-Ich aufmalen.

Schritt 2: Entwicklung einer Strategie

Um eine Strategie zu entwickeln, wählst du erst einmal einen deiner Albträume aus. Zunächst spielt es überhaupt keine Rolle, für welchen Traum du dich entscheidest, weil du jetzt erstmal die allgemeine Vorgehensweise erlernen möchtest. Stell dir die Traumsituation vor und überlege dir, wie du diese aktiv bewältigen und lösen könntest. Versuche dabei, keine Fluchtreaktionen wie das Aufwachen oder das Weglaufen zu nutzen, da du deine Traumsituation sonst einfach nur vermeiden und umgehen würdest. Besser ist es, wenn du dir eine Strategie überlegst, in der du bedrohliche und gefährliche Figuren in deinem Traum direkt ansprichst oder du dir Helfer*innen vorstellst. Noch besser ist es, wenn du deinen bisherigen Traum einfach mit einem neuen Ende versiehst. Dadurch kannst du selbst die Regie über deinen nächtlichen Film übernehmen und ein Happy End schreiben. Anschließend schreibst du deine Lösungsstrategie bzw. das neue Ende in dein Traumtagebuch auf. Kinder, die ihren Traum gezeichnet haben, kann man zum Beispiel fragen, was sie noch in ihr Bild hinzufügen könnten, damit sie weniger Angst haben.

Schritt 3: Die Lösung einüben

Im letzten Schritt geht es darum, dass du deine Lösungsstrategie in deinen Traum überträgst. Hierfür solltest du dein neues Lösungsmuster für mindestens zwei Wochen einmal pro Tag in deiner Vorstellung detailreich durchgehen. Dabei sollte es sich immer um denselben Traum mit derselben Lösung handeln. So bewirkst du, dass du deine Lösungsstrategie bestmöglich verinnerlichst. Natürlich kannst du aber auch noch weitere Details ergänzen.

Beispiel: Ein Patient berichtet in einer Therapie von einem seiner Träume und erzählt, wie er sich darin in einem Keller befindet, in den Wasser hineinläuft. Nach einigen Minuten steht ihm das Wasser bis zum Hals, doch er ist wie gelähmt und kann sich nicht bewegen. Kurz bevor er ertrinken würde, wacht er jedes Mal auf. In seiner Lösungsstrategie stellt er sich vor, wie er zu einem Fenster im Keller schwimmt, damit er es öffnen und aus dem Keller hinausklettern kann.

Das Ziel dieser Übung ist es, die Häufigkeit der Albträume zu senken und somit auch die Qualität des Schlafes zu verbessern. Bisherige Erfahrungen machen deutlich, dass der gelöste Traum in derselben Art und Weise nicht wieder auftritt. Zusätzlich haben mehrere randomisierte Studien gezeigt, dass sich diese Art der Kurzinterventionen positiv auf die Effektivität der Häufigkeiten von Albträumen auswirkt. Außerdem werden auch andere Angstsituationen konstruktiver angegangen, denn das Prinzip, dass Angst bedeutet, Bewältigungsmöglichkeiten zu suchen, wird verinnerlicht. Verwandelst du deinen Albtraum aktiv in eine harmlose Geschichte, kannst du sogar dein Verhalten am Tag positiv beeinflussen. Denn sobald du dich deinen eigenen Ängsten im Traum stellst, kannst du daraus auch für den neuen Tag ausreichend Kraft schöpfen. So kann das Traum-Ich das Wach-Ich stärken und umgekehrt.

Neben Prädispositionen und Stress können auch generelle negative Gedanken und Fantasien, Angst, gestörte Beziehungen und Isolation die Ursache von Albträumen sein. Deshalb sind positives Denken und positive Affirmationen die besten Heilmittel für dieses Problem. Durch luzides Träumen kannst du sogar selbst die Kontrolle über deine eigenen Träume übernehmen und dein Unterbewusstsein im Vorfeld durch positive Affirmation beeinflussen.

Affirmationen:

- „Heute Nacht schlafe ich ruhig und zufrieden."
- „Ich genieße einen friedlichen, ruhigen und glücklichen Schlaf."
- „Ich schlafe wie ein Baby."
- „Mein Schlaf ist gefüllt mit positiven, freudigen und inspirierenden Träumen."
- „Der Schlaf ist sehr entspannend und erholsam für mich. Ich komme runter."
- „Über meine Träume habe ich die totale Kontrolle."
- „Mein Schlaf und meine Träume sind gesund und sie bauen mich auf."
- „Ich schlafe gut und ich schlafe durch."
- „Am nächsten Morgen wache ich frisch, munter und zufrieden wieder auf."

KONFRONTATION

Wir wissen also, dass Albträume durch ein Zusammenspiel aus aktuellem Stress und Prädispositionen entstehen. Chronische Albträume können sowohl als eigenständige Problematik auftreten, die sogar zu anhaltenden psychischen Belastungen oder gar der Angst vor dem Schlafengehen führen können, jedoch können Albträume auch im Rahmen von anderen psychischen Störungen, wie Traumata, Angststörungen oder Depressionen, vorkommen.

Wir alle nehmen Albträume ganz unterschiedlich wahr. Die einen von uns wissen zwar ganz genau, wo sie sind, ihnen ist jedoch nicht bewusst, was mit ihnen geschieht, und die anderen stecken während ihres Albtraums nicht einmal im eigenen Körper. Doch alle unsere Albträume haben eines gemeinsam: ihre Effizienz als Schlafbremsen. Sie spiegeln unsere Tageserlebnisse und die von uns gesammelten Erfahrungen, unseren Alltagsstress und vielleicht sogar auch unsere psychischen Probleme wider. Auch wenn die Veranlagung für Albträume geerbt sein kann, hilft es oftmals bereits, wenn wir wissen, was sich hinter unseren dunklen Träumen verbirgt.

In der Mythologie des Nordens waren die Alben die dunklen Geschwister der Elfen. Seit jeher glaubten die Menschen, dass sich diese Wesen nachts auf die Brust der Schlafenden setzen und so böse und erschreckende Träume auslösen. Aus der Psychologie ist bekannt, das böse Geister und dunkle Dämonen meistens nach außen verlagerte Schuldige für die unbewussten Anteile unserer Persönlichkeit sind. Das ist jedoch nicht immer so, denn unsere Albträume handeln in den meisten Fällen von Menschen, von Naturkatastrophen, von schweren Verletzungen, von Tieren oder vom Tod einer geliebten und nahestehenden Person, vom Fallen oder vom ausweglosen Flüchten.

Die Themen unserer Albträume spiegeln also vielmehr reale Gefahren des Lebens wider, die genauso bereits für unsere Vorfahren alltäglich waren. Sie konnten genauso wie wir von fremden Menschen entführt, von wilden Tieren gefressen oder von Naturkatastrophen überrascht werden. Und noch heute sind all diese Themen eine wahre Bedrohung des nackten Lebens.

Träume, in denen wir fallen, ertrinken oder gar ersticken, spiegeln Angespanntheit sowie Unsicherheit wider, die durch die ungewisse Erwartung des Aufpralls oder der Sauerstoffnot symbolisiert werden. Sie deuten auf eine Überforderung, aufgrund einer bestimmten Aufgabe oder Situation, im Leben hin. Fallträume zeigen uns deutlich, dass wir nicht genau wissen, wie und wann eine Sache zu Ende geht, und genau das ist es, was uns Angst macht.

Andere Träume, in denen der Tod einer geliebten Person eintritt, gehören zu den schlimmsten und erschreckendsten Albträumen, die es gibt. Wir fühlen die Verzweiflung, die Wut, die Trauer und den Schmerz, der mit dem Verlust eines nahestehenden Menschen einhergeht. Dabei zählen Träume dieser Art zu den harmlosen Träumen, weil sie keinesfalls eine Vorsehung oder eine Warnung sind, sondern einfach nur Veränderung symbolisieren. In den meisten Fällen bezieht sich die Veränderung auf zwischenmenschliche Beziehungen oder auf emotionale Sensibilität.

Auch Träume, in denen wir immer schneller und schneller rennen, weil da jemand oder etwas ist, das uns verfolgt, sind uns allen nicht fremd. Verfolgungs- und Fluchtträume zählen wohl zu den bekanntesten Albtraumtypen, wobei der Verfolger manchmal sogar eine animalische Gestalt sein kann. Einige Menschen wachen auf, bevor die Verfolgung und die Bedrohung zu Ende sind, und andere erwachen erst dann, wenn sie sich bereits in der Gewalt des Angreifers befinden. Hinter Verfolgungs- oder Fluchtträumen steckt immer eine Angst vor irgendwem oder vor irgendetwas, wie zum Beispiel vor gesellschaftlichen Situationen.

Eine weitere Traumkategorie sind die Träume, in denen wir uns wieder in der Schule befinden und die Schulbank drücken. "Back-to-School"-Träume treten bei vielen Menschen auf und wandeln sich nicht selten in einen regelrechten Albtraum. Auch wenn die letzte Abschlussarbeit bereits einige Jahre zurückliegen mag, kommt es manchmal vor, dass wir träumen, dass wir in einer wichtigen Prüfung total schlecht abschneiden und eine glatte Sechs bekommen. Diese Art der Träume ist ein Resultat aus dem von uns empfundenen oder sogar aus dem tatsächlichen Leistungsdruck, dem wir unterliegen. Außerdem können Schulträume auch aus dem Gefühl mangelnder Wertschätzung heraus resultieren.

Träume, in denen wir in einem Moment noch angezogen waren und in denen wir von einer auf die nächste Sekunde vollkommen textilfrei im Supermarkt stehen, sodass wir von allen um uns stehenden Menschen ausgelacht werden, sind entweder auf die Angst vor sozialer Bloßstellung oder aber auf mangelndes Selbstwertgefühl zurückzuführen. Kleidung verhüllt uns, doch wenn diese erst einmal weg ist, kommt zum Vorschein, wer wir in Wahrheit wirklich sind. Außerdem können Nacktheitsträume ein Symbol dafür sein, dass wir etwas vor jemandem geheim halten wollen.

Albträume können Warnträume sein, weil sie darauf hinweisen können, dass wir uns in einer falschen Sicherheit wiegen, oder sie führen dazu, dass wir bestimmte Risiken ernster nehmen. So gibt es eine Vielzahl von Menschen, die mit dem Rauchen aufgehört haben, nachdem sie von Lungenkrebs träumten. Hierbei verdeutlicht der Traum sogar eine reale Gefahr, die die Rauchenden bislang unbewusst verdrängt haben. Auch andere Albträume veranlassen die Träumenden zu konkreten Handlungen. So brachte ein Familienvater, der von einem tödlichen Autounfall träumte, bei dem nur er überlebte, das Auto vor dem geplanten Urlaub in die Werkstatt. Dort angekommen stellte sich heraus, dass die Bremsen so abgenutzt waren, dass sie unbedingt erneuert werden mussten.

Unsere Vorfahren betrachteten solche Art von Albträumen als eine göttliche Warnung. Viele Kulturen hatten sogar ihre eigenen Spezialisten und Spezialistinnen, um die Hinweise der Götter und Göttinnen zu deuten und zu interpretieren. Obwohl es sich hierbei zwar nicht um eine übersinnliche Eingebung handelt, sondern um Hinweise unseres Unbewussten, ist der Charakter der Deutung aber derselbe.

Der Familienvater speicherte in seinem Unbewussten zum einen ab, dass er das Auto unter allen Umständen zur Werkstatt bringen musste, und zum anderen auch seine eigene Angst. Es ist durchaus möglich, dass ihm vor einem Jahr gesagt wurde, dass er sobald wie möglich unbedingt seine Bremsen überprüfen lassen sollte, oder vielleicht gab es bereits ein Problem damit. Der Traum führte ihm lediglich die möglichen Konsequenzen seiner eigenen Fahrlässigkeit ins Bewusstsein, denn im Falle des Falles hätte er durch seine eigene Verantwortungslosigkeit den Tod seiner Familie verursacht und sich das niemals verzeihen können. Auch wenn solche Albträume hart sind, sind sie doch ausgesprochen sinnbringend.

In einer Therapiesitzung berichtete eine Patientin von einem immer wiederkehrendem Albtraum, in dem sie sich in einer Wohnung befand. Eigentlich fühlte sie sich in der Wohnung sicher und doch gab es draußen etwas, vor dem sie sich fürchtete. Sie wusste nicht, was es war, doch sie spürte, dass es bedrohlich ist, sodass sie die Wohnung nicht verlassen wollte. In der Wohnung selbst gab es aber freundliche Wesen. Diese wollten sie dazu bewegen, die Tür zu öffnen und hinauszugehen. Doch jedes Mal, wenn sie die Tür öffnen wollte, überkam sie eine so große Angst, dass sie schweißgebadet aufwachte. Ihre Träume waren so beängstigend, dass sie sie auch tagsüber beschäftigten und ihre Stimmung drückten.

In der Psychotherapie stellte sich dann heraus, dass sie einen Konflikt mit ihren Eltern hatte, unter dem sie stark litt. Ihre Eltern waren in ihrer Kindheit sehr streng, sodass sie nach einigen Jahren den Kontakt zu ihnen abbrach. Das bedeutet jedoch nicht, dass sie die Situation nicht ebenso stark belastete. Ihr Therapeut bewegte sie in der Therapie dann dazu, sich dem Konflikt mit ihren Eltern zu stellen und ihnen zu erklären, wie sie sich den Kontakt mit ihnen wünschen würde. Seitdem wurden ihre Albträume nach und nach weniger.

Oftmals ist es sogar ohne eine spezielle Therapie möglich, seine Albträume in den Griff zu bekommen. Bei Kindern genügt es zum Beispiel, wenn sie nach dem Aufwachen einfach in den Arm genommen und beruhigt werden. Am besten spricht man am nächsten Tag dann noch über den Albtraum.

Einigen Kindern hilft es auch, den Traum zu zeichnen, weil sie ihn dadurch besser verarbeiten können. Manche Traumthemen geben uns auch Hinweise auf unsere Probleme oder Ängste. Träumen Kinder zum Beispiel von einem bösen Mann, kann das bedeuten, dass sie sich einfach nur vor dem Nachbarn fürchten, der immer so grimmig über den Zaun guckt. Dann kann man gemeinsam eine Lösung suchen.

In jedem Fall musst du dich mit deinen Albträumen nicht einfach abfinden. Sie sind nicht dein Schicksal, sondern können angegangen werden. Durch Konfrontation kannst du deinen Albtraum aufschreiben und diesen anschließend mehrmals hintereinander laut vorlesen. Dadurch, dass du deinen Traum immer wieder erlebst, gewöhnst du dich irgendwann an ihn – genau wie bei einer Desensibilisierung. Zudem verlieren Albträume im alltäglichen Kontext ihren Schrecken. Wenn du möchtest, kannst du deinen Albtraum auch aufzeichnen. Selbst wenn das im ersten Moment sehr belastend wirkt, nimmt die Häufigkeit der Albträume bei den Betroffenen allein durch die Technik der Konfrontation ab.

Sollten deine Albträume jedoch über einen sehr langen Zeitraum anhalten und die mit den Träumen verbundenen Belastungen stark ausgeprägt sein, ist oftmals eine Psychotherapie notwendig und sinnvoll. Denn sie kann helfen, die Probleme, die sich hinter den Albträumen verbergen, zu erkennen und Ängste und Stress abzubauen. Zeitgleich können auch die für Albträume typischen Themen so lange angegangen werden, bis sich die Albträume schließlich legen und beinahe oder ganz verschwinden.

Selbst wenn die einzige Erkenntnis einer Therapie die ist, dass sich die größte Bedrohung, die gleichzeitig auch die Ursache deines Albtraumes ist, nicht behandeln lässt, ist das lange noch kein Grund, um zu verzweifeln. Denn dann handelt es sich normalerweise um den Ausdruck von etwas, für das wir einfach keine Lösung finden können, wie den Tod eines geliebten Menschen.

Therapeuten und Therapeutinnen arbeiten inzwischen mit ihren Patienten und Patientinnen an alternativen Geschichten, bei denen sie gemeinsam eine neue Traumgeschichte entwerfen, die dann der alten ihren Schrecken nimmt. Natürlich können Betroffene auch ein Traumtagebuch führen und ihre Geschichte selbst umschreiben.

Unsere Träume werden von unserem Unbewussten entworfen und unser Unbewusstes wird wiederum mit unseren Geschichten angereicht. Deshalb kann es uns auch gelingen, die Muster der Geschichten unseres Gehirns zu verändern. Wichtig ist nur, dass wir uns dafür keine vollkommen neue Geschichte überlegen, sondern die Storyline der eigentlichen Geschichte beibehalten und lediglich das Drehbuch überarbeiten und ausbessern. So können wir unser eigenes Gehirn erfolgreich manipulieren. Außerdem haben Albträume immer auch etwas Positives, denn sie ermöglichen es uns, die Angst auszuleben, der wir im wachen Zustand nicht nachgeben können.

BEWÄLTIGUNGSSTRATEGIEN

Erwachsene, die unter wiederkehrenden Albträumen leiden, sollten im ersten Schritt die hinter den Träumen steckenden Ängste und den Stress in den Griff bekommen. Hierbei können Strategien zur Stressbewältigung oder verschiedene Entspannungsverfahren, wie die progressive Muskelentspannung, hilfreich sein.

Die Progressive Muskelentspannung, auch Progressive Muskelrelaxation oder PMR, wurde in den 1930er Jahren vom amerikanischen Physiologen Edmund Jacobson entwickelt. Die PMR ist ein Entspannungsverfahren, bei dem du durch bewusstes An- und Entspannen, einen Zustand vollkommener Entspannung im gesamten Körper erreichst. Nacheinander spannst du dann die einzelnen Muskelpartien deines Körpers an, hältst die Muskelspannung für einen Moment und löst diese anschließend wieder. Dabei richtest du deine komplette Aufmerksamkeit auf den Wechseln von Anspannung und Entspannung und auf all das, was du empfindest.

Das Ziel der Progressiven Muskelentspannung ist es, die Spannung in deiner Muskulatur zu senken. Mit ein wenig Übung wirst du merken, wie du muskuläre Entspannung immer dann herbeiführen kannst, wenn du möchtest. Außerdem kannst du durch PMR allgemeine Verspannungen in deinen Muskeln aufspüren, lockern und so Schmerzzustände verringern.

Wenn du feststellst, dass sich durch die Methode der Progressiven Muskelentspannung zwar deine Muskulatur gut anfühlt, aber deine Albträume trotzdem nicht verschwinden, ist auch das kein Grund zur Panik. Es klingt banal, doch es hilft tatsächlich, wenn du einfach nur über deine Träume redest. Immer wenn wir anderen von unseren bösen Träumen erzählen, verlieren sie etwas von ihrem Schrecken. Außerdem können dir Klarträume beim Bewältigen deiner Albträume helfen, weil du während des Schlafens deine Träume selbst zu deinen Gunsten beeinflussen kannst. Wie das funktioniert, lernst du in einem Kapitel weiter unten.

Durchführung:

Setze dich entspannt hin und nehme eine bequeme Haltung ein. Deine Hände kannst du auf deinen Oberschenkeln ablegen und deine Fußsohlen berühren den Boden. Während der Anspannungsphase atmest du ein und während der Entspannungsphase wieder aus.

Die Übung beginnst du bei deinen Armen, indem du deine Arme anwinkelst und eine Faust bildest. Währenddessen spannst du beide Arme an. Halte nun diese Spannung für etwa fünf bis sieben Sekunden. Anschließend lässt du wieder locker, hältst für einen kurzen Moment inne und versuchst nun, deine Muskeln noch ein Stück mehr zu entspannen.

Im Anschluss fährst du mit deinem Gesicht fort. Dafür spannst du zunächst dein gesamtes Gesicht an, bevor du jeweils immer nur einen Teil deines Gesichtes nacheinander anspannst und wieder entspannst. Nachdem du von deiner Stirn über deine Augenbrauen und deine Lippen zu deinem Unterkiefer gewandert bist, genießt du die nachfolgende Entspannung deines gesamten Gesichtes.

Nun wanderst du zu deinem Bauch, indem du deine Bauchmuskeln anspannst und dich auf die Anspannung konzentrierst. Nach einigen Sekunden lässt du wieder locker und versuchst, noch etwas weiter in die Entspannung zu sinken.

Ziehe anschließend deine Schultern nach oben und halte die Position für etwa fünf Sekunden. Lasse wieder locker und spüre die Entspannung, die sich in deinen Schultern ausbreitet.

Zum Ende der Übung spannst du deine Oberschenkel- und Gesäßmuskulatur an. Ziehe deine Fußspitzen nach oben und halte diese Position für etwa fünf Sekunden. Im Anschluss entspannst du wieder und versuchst dabei, noch tiefer in die Entspannung zu fallen. Achte auf ein ruhiges, tiefes und bewusstes Atmen und lasse deine Gedanken frei fliegen. Um die Übung zu beenden, bewegst du erst einmal deine Hände, bevor du dich reckst und streckst. Spüre deinen gesamten Körper und öffne deine Augen langsam. Nimm dir die Zeit, die du brauchst, um wieder im Hier und Jetzt anzukommen.

TRAINING

Albträume sind von Ängsten gekennzeichnet und je mehr wir diese Ängste versuchen, zu vermeiden, umso größer können sie werden. Viele versuchen, ihre Albträume zu verdrängen, sie wollen sie vergessen und schieben sie einfach von sich weg. Doch diese Strategie löst die Albträume nicht in Luft auf, sondern chronifiziert sie lediglich.

Wenn du deine Albträume loswerden möchtest, kommst du nicht drumherum, dich ihnen zu stellen. Ganz egal, ob in professioneller Begleitung oder in einem Selbstversuch: Suche die Konfrontation mit deinen Albträumen, schreib diese nieder, denke dir eine Strategie aus, wie du die Situation in deinem Albtraum bewältigen kannst, und rufe dir dann jeden Tag in Erinnerung, welches positive Ende du deinem Traum verliehen hast.

Ganz gleich, ob du deinen Stress reduzieren, Panikattacken loswerden oder ein für alle Mal deine Albträume beenden willst, du wirst dich deinen Ängsten stellen müssen und kannst nicht mehr nur vor ihnen weglaufen. Das kann im ersten Moment erdrückend, aufwühlend und auch belastend sein, es wird dich jedoch auch von dem schweren mentalen Ballast befreien, den du in deinem Leben mit dir herumträgst.

Um das Auftreten von Albträumen zu verhindern, musst du sie in erster Linie einmal besser verstehen. Die Erinnerungen an unsere nächtlichen Filme verschwimmen oft nämlich schnell und es fällt uns schwer, uns an sie zu erinnern. Traumtagebücher sind ein hervorragendes Werkzeug, um deine Träume festzuhalten und interpretieren zu können. Entweder schreibst du diese am nächsten Morgen nieder oder aber du legst dir dein Tagebuch und einen Stift direkt neben dich auf den Nachttisch, sodass du dir den Inhalt deines Albtraumes direkt nach dem Erwachen aufschreiben kannst. Im Laufe der Zeit führt das sogar dazu, dass du dich an immer mehr Träume immer genauer und detailreicher erinnern kannst.

In einigen Fällen scheint es, als würden gewisse Ängste, Konflikte oder Lebensumstände die Albträume begünstigen. Daher kann es sinnvoll sein, wenn du dir folgende Dinge überlegst:

* Welches grundlegende Gefühl ist im Traum vorherrschend?
* Finden sich Emotionen, Erinnerungen oder Situationen aus dem realen Leben im Albtraum wieder?
* Kann ich wiederkehrende Muster erkennen?
* Waren meine Albträume immer die gleichen oder haben sie sich in der letzten Zeit verändert? Wenn ja, mit welchen Phasen meines Lebens standen dann die Veränderungen im Zusammenhang?
* Was könnte sich dahinter verbergen? Vielleicht möchten mir meine Albträume etwas sagen?
* Wollen mir meine Albträume zeigen, dass ich etwas in meinem Leben verändern sollte?

Versuche, dir über diese Fragen Gedanken zu machen und die Antworten in deinem Traumtagebuch festzuhalten. Falls sie dir jedoch nicht weiterhelfen sollten, könnten dir die nachfolgenden Tipps beim Training gegen deine Albträume helfen.

Nicht nur das Erzählen deines Albtraums wird dir helfen, deine Albträume loszuwerden und nicht mehr so gefährlich erscheinen zu lassen, sondern auch die bewusste Auseinandersetzung mit ihnen im Wachzustand. Die Konfrontation jeglicher Art gilt als eine der besten Methoden zur Behandlung von Albträumen. Auch hier kannst du deinen Albtraum wieder aufschreiben und ihn dir dann mehrmals laut vorlesen. Das desensibilisiert dich für die erschreckende Situation, die du im Traum erlebt hast.

Darüber hinaus solltest du zum*r Regisseur*in deiner eigenen Albträume werden und dir die Imagery Rehearsal Therapy zu Nutze machen, die du bereits weiter oben kennengelernt hast, und dich zudem mit dem luziden Träumen weiter hinten in diesem Buch beschäftigen.

ENTSPANNENDE DUFTÖLE

Mit der Hilfe von bestimmten Düften können wir uns selbst konditionieren, denn setzen wir ein ganz bestimmtes Öl jedes Mal, bevor wir schlafen gehen, ein, programmieren wir unseren eigenen Körper nach einer gewissen Zeit dementsprechend und kommen viel schneller zur Ruhe. Selbst wenn du nicht unter Albträumen leidest, ist es ganz normal, Probleme mit dem Ein- und Durchschlafen zu haben. Untersuchungen zufolge leiden acht von zehn Berufstätigen unter Schlafproblemen und die Tendenz ist steigend.

Neben dunklen und gut gelüfteten Schlafzimmern und festen Bettzeiten haben sich auch regelmäßige Rituale mit entspannenden Duftölen bewährt. Insbesondere ätherische Öle helfen uns, leichter ins Reich der Träume einzutauchen. Nachweislich angstlösend und ausgleichend wirken ätherische Öle wie Lavendel, Neroli, Melisse, Salbei, Basilikum und Zirbelkiefer. Suche dir am besten immer einen Duft aus, den du persönlich als angenehm empfindest und der in dir positive Assoziationen weckt.

Schlaf spielt eine ganz wesentliche Rolle für unsere Gesundheit und unser Wohlbefinden. Er dient nicht nur unserer physischen Regeneration, sondern ist auch für unseren Geist, unseren Körper und unsere Seele wichtig, damit diese nach einem anstrengenden und nervenaufreibenden Tag wieder in Einklang gebracht werden.

Rituale mit beruhigenden Duftölen unterstützen nicht nur unsere Schlafqualität, sondern auch unsere allgemeine Entspannung. Wichtig ist, dass du die Aromapflege zu einem festen Bestandteil deines abendlichen Programmes machst. Möchtest du deine Räume mit natürlichen ätherischen Ölen über einen Vernebler, einen Duftstein oder eine Duftlampe verbreiten, sollte das unbedingt vor dem Einschlafen durchgeführt und dann wieder abgeschaltet werden. Duftlampen erzeugen ein wunderbares Wohlfühlklima, das dein Ein- und Durchschlafen unterstützen wird. Natürlich kannst du deine ausgewählten Düfte auch in Form eines Entspannungsbades oder als Duftmassage nutzen.

Aromabäder wirken bereits vor dem Schlafengehen gezielt gegen Schlafprobleme. Besonders warme Bäder und angenehme Massagen mit ätherischen Duftzusätzen wirken schlaffördernd. Gib einfach fünf bis sieben Tropfen Lavendelöl mit in die Badewanne hinzu. Bei warmen Temperaturen können sich die Duftstoffe optimal entfalten und eine Tiefenentspannung herbeiführen. Darüber hinaus eignen sich auch kleine Aromakissen oder Aromasäckchen hervorragend als Duftträger. Sie sind sehr praktisch und können direkt im Bett verteilt werden. Hierfür füllst du einfach ein beliebiges Kissen mit getrockneten Kräutern wie Melisse oder Lavendel und gibst einige deiner liebsten ätherischen Düfte als Tropfen hinzu. Aromakissen wirken auch bei chronischen Atemwegsinfektionen oder gewöhnlichen Erkältungen sehr gut.

Weitere Voraussetzungen für eine erholsame Nachtruhe sind ein gut gelüftetes, dunkles und kühles Zimmer und eine auf deinen Körper angepasste Matratze. Achte darauf, dass du genug Schlaf bekommst und auf Koffein und technische Geräte, aufgrund ihres blauen Lichts, vor dem Schlafengehen verzichtest. Blaulicht soll nämlich die Produktion des Hormons Melatonin senken, das für unseren Schlaf verantwortlich ist. Lies stattdessen lieber ein gutes Buch oder gönne dir selbst eine schöne Duftmassage.

Duftmischung für einen tiefen Schlaf:

3 Tropfen Neroli
2 Tropfen feiner Lavendel
1 Tropfen Zeder
Lüfte dein Schlafzimmer ordentlich durch und befülle anschließend deine Duftlampe mit der Mischung und starte die Beduftung. Vergiss nicht, die Duftlampe vor dem Schlafen wieder auszuschalten.

Abendliches Fußbad für schöne Träume:

250 g Totes Meer Badesalz
10 Tropfen Palmarosa
10 Tropfen Tonka
8 Tropfen Orange
Vermische die ätherischen Öle mit dem Meersalz und verwende für jedes Fußbad einen Esslöffel der Mischung.

Anhalten des Gedankenkarussells:

10 ml Basisöl, wie zum Beispiel Mandelöl
4 Tropfen Lavendel
1 Tropfen Neroli
1 Tropfen Zeder
Gib die Ölmischung auf die Innenflächen deiner Hände und rieche daran. Alternativ kannst du auch dein Sonnengeflecht oder deine Fußsohlen sanft damit einreiben.

Duftmischung zum Durchschlafen:

3 Tropfen Patchouli
3 Tropfen Zedernholz
2 Tropfen römische Kamille

Befülle deinen Aromadiffuser mit 100 ml Wasser und gib 3-5 Tropfen der ätherischen Öle aus der Ölmischung hinzu. Schalte den Diffuser ein und genieße den wunderbaren aromatischen Nebel.

Duftmischung nach nächtelangen Albträumen:

3 Tropfen Lavendel
2 Tropfen Sandelholz
1 Tropfen Vetiver

Befülle auch bei dieser Mischungen deinen Aromadiffuser mit 100 ml Wasser und gib 3-5 Tropfen der ätherischen Öle aus der Ölmischung hinzu. Schalte den Diffuser ein und genieße den wunderbaren aromatischen Nebel.

Beim Kauf der ätherischen Öle solltest du immer darauf achten, dass sie möglichst hochwertig und rein sind, denn manche Hersteller lassen sich durch das Streben nach höheren Profiten dazu verleiten, die reinen Öle mit minderwertigen Ölen zu strecken oder Fremdstoffe unterzumischen. In jedem Fall lohnt sich immer ein Blick aufs Etikett, denn nur die gesetzlich bindenden Angaben natürlich, synthetisch, naturidentisch oder naturrein werden dir Aufschluss über die Reinheit deiner gewählten Öle geben. Naturreine ätherische Öle aus kontrolliert biologischem Anbau sind dabei für die Umwelt und deine Gesundheit besonders günstig. Ätherische Öle erhältst du in der Regel in Bioläden, Reformhäusern, Drogeriemärkten, Apotheken oder seriösen Onlineshops.

EINSCHLAFRITUALE

Genauso wie die Gründe für schlechten Schlaf verschieden sind, differenzieren sich auch die Wege, die jeder von uns einschlägt, um seine eigene Schlafqualität zu verbessern. Einige Erwachsene greifen zu Tabletten und versuchen mit Schlafmitteln – und manchmal sogar mit Alkohol –, wieder in den Schlaf zu finden. Doch weder Alkohol noch Medikamente sind eine Dauerlösung und die Pillen bekämpfen immer nur die Symptome, aber eben niemals die Ursache.

Im Gegensatz dazu sind Einschlafrituale günstiger, gesünder und wirkungsvoller. Es geht darum, dass du einen individuellen Weg für dich selbst findest, um besser zu schlafen, und es zeigt sich, dass diejenigen von uns, die regelmäßig bestimmte Einschlafrituale pflegen und ihren Körper auf den kommenden Abschnitt des Tages vorbereiten, einen leichteren Übergang vom Wachzustand in den Schlaf haben. Viele Experten und Expertinnen sehen die Ursache von Schlafproblemen und Albträumen in unserer ständigen Erreichbarkeit. Wir sitzen ständig an unseren Handys, Tablets oder vor dem Laptop und merken gar nicht, dass wir künstlichem Licht ausgesetzt sind, das zu einem Stopp unserer **Melatoninproduktion** führt. Dabei ist es doch gerade dieses Hormon, das uns müde macht und uns den Übergang in das Reich der Träume erleichtert. Aus diesem Grund sollte eines deiner wichtigsten Einschlafrituale sein, Handy und Co. spätestens zwei Stunden vor dem Schlafengehen wegzulegen.

Lege dir eine feste Uhrzeit fest, bei der du abends ins Bett gehst und morgens wieder aufstehst. Ganz gleich, ob du ein*e Frühaufsteher*in oder ein Morgenmuffel bist, versuche, dich an diese Zeiten zu halten. Außerdem erleichtern diverse Kräutertees den Übergang vom Wachzustand in den Schlaf. Insbesondere **Lavendel, Baldrian, Hopfen** und **Melisse** sind als Schlummertrunk zu empfehlen, wohingegen von Kaffee oder schwarzen Tees abgeraten wird.

Des Weiteren werden unsere Sinne durch Düfte geweckt, welche harmonisierend, beruhigend und entspannend wirken. Ätherische Öle, deren Düfte sich langsam in Diffusern oder durch Stäbchen ausbreiten, können Reaktionen und Emotionen im Körper auslösen, die unser Wohlbefinden fördern und uns besser schlafen lassen.

Von Zeit zu Zeit kannst du dir auch gerne mal ein Vollbad gönnen, das du mit aromatischen Badezusätzen und ätherischen Ölen verfeinern kannst. Diese wirken entspannend und beruhigend und bereiten dich bestens auf dein Bett vor. Bevor du in dein Bad eintauchst, solltest du aber noch die Fenster in deinem Schlafzimmer öffnen und ordentlich durchlüften. Eine Raumtemperatur von **fünfzehn bis achtzehn Grad** Celsius gilt laut Studien als optimale Einschlaftemperatur. Regelmäßiges Lüften sollte also immer ein fester Bestandteil deines Einschlafrituals sein, da du so auch den Sauerstoffgehalt in deinem Zimmer erhöhst, welcher für einen gesunden Schlaf ebenso elementar ist.

Nicht selten führen auch die Probleme in unserem Privatleben oder auf der Arbeit dazu, dass wir nachts wachliegen oder nicht einschlafen können. Wenn dir das bekannt vorkommt, solltest du das **Journaling** in deine Einschlafroutine integrieren. Dabei hältst du deine Gedanken einfach auf Papier fest, ordnest sie und kannst somit all das loslassen, was dich tagsüber beschäftigt hat. Du wirst merken, wie dich das Aufschreiben befreien und dir helfen wird, zur Ruhe zu kommen. Vermeide kurz vor dem Zubettgehen jedoch alles, was deinen Puls hochschnellen lässt, denn das steht dem Entspannungsmodus, den du erreichen möchtest, im Wege. Höre stattdessen entspannende Musik und lies ein Buch, wobei sich nicht jedes Buch als Bettlektüre eignet. Schöne und tiefe Gespräche mit dem*r Partner*in oder ein kurzer **Abendspaziergang** sind auch immer tolle Möglichkeiten, um deinen Tag ruhig ausklingen zu lassen und dich auf die kommende Nacht vorzubereiten.

Um ein gesundes, glückliches und langes Leben zu führen, solltest du immer auf eine **ausgewogene und nährstoffreiche Ernährung und viel Bewegung** achten.

Auch verschiedene Entspannungsübungen, wie PMR, Yoga oder Meditation, helfen dir, die innere Balance in deinem Körper aufrechtzuerhalten und besser zu schlafen.

Aus dem **Pranayama** stammt zum Beispiel eine super effektive Atemeinheit, die dich mit etwas Übung schon bald in einen schnellen Schlaf gleiten lässt.

Durchführung:
Positioniere dafür einfach deine Zungenspitze unmittelbar hinter deinen Vorderzähnen an der Erhöhung deines Gaumens. Hier bleibt sie während des gesamten Übungsablaufes, außer beim Ausatmen, liegen. Nun atmest du geräuschvoll mit rundem Mund aus, schließt dabei deinen Mund und atmest anschließend durch deine Nase wieder ein, währenddessen du in Gedanken bis vier zählst. Danach hältst du deinen Atmen an und zählst in Gedanken bis sieben. Atme erneut geräuschvoll aus und zähle nun jedoch bis acht. Diese Übung wiederholst du mindestens fünfmal und machst es dir anschließend in deinem Bett gemütlich.

Wenn du merkst, dass du nicht innerhalb von fünfzehn oder zwanzig Minuten einschlafen kannst, stehe nochmal auf und suche dir eine andere Räumlichkeit, in der du zum Beispiel etwas lesen kannst. Ebenfalls erlaubt sind jetzt kleine Arbeiten, die monoton sind und nicht viel Aufmerksamkeit verlangen. Merkst du, dass die notwendige Bettschwere erreicht ist und du kurz vor dem Einschlafen bist, kannst du wieder ins Bett gehen.

Die Verhaltensweise, die Muster und die Gewohnheiten, die dich ausmachen, haben sich über die Jahre eingeschlichen und verfestigt. Du wirst sie nicht alle von heute auf morgen ändern können und auch Einschlafrituale müssen über einen bestimmten Zeitraum hinweg praktiziert werden. Es ist ganz normal, wenn nicht immer alles sofort funktioniert, aber es ist lange noch kein Grund, um aufzugeben. Einschlafrituale sind eine tolle Möglichkeit, um Ruhe und Entspannung zu erschaffen und dir auf deinem Weg zu einem guten, tiefen und gesunden Schlaf zu helfen.

Die folgende Traumreise soll dir nicht nur dabei helfen, deinen Körper und Geist vollkommen zu entspannen, sie dient auch dazu, dich vor dem Einschlafen emotional auszubalancieren und dafür zu sorgen, dass du deine Sorgen, Ängste und Nöte loslassen kannst, damit du davon unbelastet einen wirklich erholsamen Schlaf genießen kannst. Als kleinen Bonus werde ich dich innerhalb der Reise zu deinem höheren Selbst führen. Dein höheres Selbst kannst du dir als den Teil deiner Seele vorstellen, der nicht hier auf der Erde inkarniert, aber trotzdem immer mit dir verbunden ist. Es kennt die Ziele und Wünsche deiner Seele, weiß um das, was sie lernen möchte, und sieht die Dinge aus einer höheren Perspektive. So kennt es auch die Antworten auf alle Fragen, die für dich wichtig sind. Somit kannst du diese Traumreise nutzen, deinem höheren Selbst Fragen zu stellen. Die Antworten werden dich in deinen Träumen erreichen, die du mit Hilfe dieses Buches deuten kannst. Damit hast du die Chance, dich durch dein Leben führen zu lassen und unbelasteter durch den Alltag zu gehen. Starten wir nun also die Reise zu deinem höheren Selbst.

https://bit.ly/3q7KtAd
Link oder QR-Code zum Audio-Guide

TRAUMREISE ZU DEINEM HÖHEREN SELBST

Herzlich Willkommen zu deiner Reise ins Reich der Träume. Ich werde dich nun sanft in einen entspannten Zustand führen, von dem aus du in einen tiefen und erholsamen Schlaf sinken kannst. Lege dich nun bitte auf den Rücken und mache es dir bequem. Gerne kannst du deinen Oberkörper mit Hilfe eines Kissens etwas höher lagern, falls das für dich bequemer sein sollte. Strecke jetzt einmal deine Beine und Arme aus und gähne dabei ausgiebig, dann schließe bitte deine Augen. Du liegst nun bequem auf dem Rücken und richtest deine Konzentration jetzt ganz auf deine Atmung aus. Atme tief in deinen Bauch hinein, folge dem Luftstrom durch deinen Körper und fühle, wie deine Brust und dein Bauch sich mit Luft füllen. Zähle dabei langsam bis drei, eins – zwei – drei, und halte den Atem kurz an, bevor du noch langsamer wieder ausatmest. Dabei zählst du langsam bis fünf: eins – zwei – drei – vier – fünf. Und noch einmal, fühle bewusst, wie die Luft durch deinen Körper strömt, und folge einfach meiner Stimme: einatmen, eins – zwei – drei. Luft kurzhalten und jetzt ausatmen, eins – zwei – drei – vier – fünf. Fühlst du, wie dein Körper bereits schwer zu werden beginnt? Lass deine Aufmerksamkeit nun zu deinen Füßen und Unterschenkeln wandern, während du langsam und gleichmäßig weiter atmest. Ziehe jetzt deine Fußspitzen nach oben, in Richtung Kopf, während deine Beine flach auf der Matratze liegen bleiben. Fühle die Spannung, die nun von deinen Füßen bis in deine Waden spürbar wird, und halte diesen Zustand. Wir zählen jetzt bis fünf, dann lässt du deine Fußspitzen wieder nach unten sinken und entspannst sie: eins – zwei – drei – vier – fünf. Genieße kurz das Gefühl der Entspannung, die sich nun in deinen Füßen und Unterschenkeln ausbreitet, dann lass deine Aufmerksamkeit weiter nach oben wandern, in deine Oberschenkel. Spanne diese nun an und spüre in den Zustand der Anspannung hinein, während ich wieder bis Fünf zähle: eins – zwei – drei – vier – fünf. Lass die Anspannung jetzt wieder los und genieße das Gefühl der Entspannung, die sich nun in deinen Beinen ausbreitet. Jetzt wanderst du mit deiner Aufmerksamkeit weiter nach oben, in deinen Bauchraum.

Spanne nun deine Bauchmuskulatur an und halte die Spannung, während ich zähle: eins – zwei – drei – vier – fünf. Lasse nun los und spüre das angenehme

Gefühl, das sich inzwischen bis zu deiner Körpermitte hin ausbreitet. Jetzt lässt du deine Aufmerksamkeit in deine Schultern wandern. Ziehe sie nach oben, so weit du kannst, und halte die Spannung, während ich zähle: eins – zwei – drei – vier – fünf. Nun lass deine Schultern langsam wieder nach unten sinken, begrüße die Entspannung, die nun deine Schultern und den Nackenbereich erfasst. Wandere jetzt mit deinem Fokus in deine Hände und Unterarme. Winkle deine Arme an und ziehe die Unterarme nach oben, an deine Ober-arme heran, dabei ballst du die Hände zu einer festen Faust. Halte diesen Zustand der Anspannung wieder, während ich zähle: eins – zwei – drei – vier – fünf.

Jetzt öffne deine Fäuste und lasse deine Hände und Unterarme wieder auf die Matratze sinken. Begrüße die Entspannung, die sich nun in deinem gesamten Körper auszubreiten beginnt. Dein Fokus wandert jetzt in dein Gesicht, kneife deine Augen fest zusammen und runzle deine Stirn, spanne deine Gesichtsmuskeln fest an, während ich zähle: eins – zwei – drei – vier – fünf. Nun entspannst du dein Gesicht wieder und gähnst noch einmal, so lange und herzhaft, wie du kannst. Öffne deinen Mund dabei so weit es geht und ziehe die Mundwinkel nach außen. Dann lässt du deinen Unterkiefer schön locker hängen. Dein gesamter Körper fühlt sich jetzt angenehm schwer, entspannt und müde an und du bist bereit, mit mir auf die Reise zu gehen. Folge jetzt nur meiner Stimme und lasse die Bilder, die sich vor deinem geistigen Auge formen, einfach zu.

Stelle dir vor, du liegst an einem Strand, im weichen Sand. Aus einiger Entfernung kannst du das leise und stetige Rauschen der Wellen hören, das begleitet wird vom allgegenwärtigen Geräusch zirpender Grillen. Es ist Sommer und angenehm warm, eine sanfte Brise streicht von Zeit zu Zeit über dein Gesicht. Über dir breitet sich der Nachthimmel aus, vor einem tiefen Schwarz funkeln Millionen von Sternen und du siehst die Milchstraße, die sich in voller Pracht über dir entfaltet. Du spürst nun eine immer stärker werdende Sehnsucht nach Freiheit, dein Geist möchte sich befreien und es zieht ihn zum Meer hin. Diese Sehnsucht wird begleitet von einem sanften Kribbeln, das sich von deinen Beinen ausgehend langsam in deinem gesamten Körper ausbreitet und in einer deutlich spür-baren Vibration gipfelt. Dein Geist ist nun bereit, sich von deinem Körper zu befreien, und erhebt sich mühelos, während dein Körper ruhig schlafend unter dem Sternenhimmel liegen bleibt.

Das Gefühl der Freiheit, das dich nun erfüllt, ist berauschend und du lässt jetzt einfach los und beginnst zu schweben. Dein Geist steigt hoch hinauf in den Himmel und du genießt eine Weile den Anblick der Sterne über dir, die sich wie Diamanten auf schwarzem Samt um dich herum erstrecken. Du blickst nun nach unten und kannst in weiter Ferne den Strand sehen, an dem dein Körper sicher ruht, doch nun wird dein Blick zu den endlosen Weiten des Ozeans gezogen, der sich wie ein Spiegel unter dem Nachthimmel ausbreitet. Weit draußen auf dem Meer siehst du ein rötlich-goldenes Leuchten, das vom Meeresgrund auszugehen scheint. Neugier erfasst dich und du schwebst ruhig darauf zu. Nun schwebst du direkt über der Stelle, von der das Leuchten im Wasser ausgeht, du befindest dich jetzt weit draußen auf dem Ozean und das Ufer ist in der Dunkelheit nicht mehr zu erkennen. Das warme Licht, das aus dem Wasser herausscheint, übt eine magische Anziehungskraft auf dich aus, du zögerst nicht und folgst diesem Sog, lässt deinen Geist hinabtauchen in das warme Wasser.

Nun, da du im Wasser bist, siehst du dich um. Du bist umgeben von dem rötlich-goldenen Licht, das sich in einem weiten Umkreis um dich herum ausbreitet. Ein Schwarm Delphine taucht nun aus der Dunkelheit des Meeres in das goldene Licht hinein und beginnt, dich spielerisch zu umkreisen. Die Delphine schlagen Purzelbäume und jagen einander, dabei tauchen sie langsam immer tiefer. Du beobachtest diese wunderschönen, majestätischen Tiere und folgst ihnen hinab in Richtung Meeres-grund, direkt auf das goldene Licht zu, dessen Quelle du immer noch nicht erkennen kannst. Dabei kommen die Delphine dir immer näher, bis sie dich schließlich einladen, dich ihrem Spiel anzuschließen. So jagt ihr euch eine Weile spielerisch und taucht dabei immer tiefer. Nun kannst du endlich erkennen, wo der Ursprung des Lichts ist, denn ihr habt den Meeresgrund jetzt beinahe erreicht. Unter dir befindet sich ein gigantisches Korallenriff, in dessen Mitte eine große, runde Öffnung sichtbar ist. Aus dieser Öffnung entströmt sanft das rötlich-goldene Licht und lädt dich ein, ihm zu folgen.

Die Delphine schwimmen nun direkt auf diese Öffnung zu, als wollten sie dich ebenfalls einladen, dort hineinzuschwimmen. Wenn du in das Licht siehst, ist es ganz warm, es blendet dich nicht und scheint deinen Geist mit einem tiefen Frieden zu erfüllen, deshalb folgst du der Einladung nun und schwimmst, ohne zu zögern, durch die Öffnung im Riff. Du siehst dich um und erkennst, dass du dich in einem kleinen Raum mit kristallenen Wänden befindest, die dieses wunderschöne, friedliche Licht auszustrahlen scheinen. Der Raum ist rund und in seiner Mitte siehst du eine Gestalt auf dem Boden sitzen, die dich freundlich ansieht und dich mit einer einladenden Geste zu sich winkt. Als du dich der Gestalt näherst, erkennst du langsam, dass sie aussieht wie du selbst. Sie strahlt eine unerschütterliche Sicherheit aus und schenkt dir ein Gefühl tiefer Geborgenheit, so lässt du dich nun direkt vor ihr ebenfalls nieder und siehst sie an. Jetzt, wo du vor dir selbst sitzt und dich von außen betrachten kannst, erkennst du plötzlich, welch natürliche Schönheit sich in deinem Wesen ausdrückt. Ein Gefühl tiefer, innerer Wärme beginnt sich von deinem Herzen aus auszubreiten, als die Gestalt zu dir spricht:

„Willkommen, ich bin so glücklich, dich endlich hier in unserem innersten und heiligsten Reich begrüßen zu dürfen. Ich bin du, der Aspekt von dir, der über allem steht und deinen Weg kennt. Gibt es etwas, das du mit mir teilen möchtest? Du kannst mir alles anvertrauen, was dich belastet, und ich werde die Last für dich tragen. Wenn ich kann, werde ich dir über deine Träume die Antworten zukommen lassen, nach denen du suchst." Angesichts dieser Worte breitet sich in dir eine unendliche Erleichterung aus, die Last all deiner Sorgen scheint aus dir hinauszuströmen, während du beginnst, dich deinem Gegenüber zu öffnen und alles auszusprechen, was dich belastet.

Du bist nun fertig mit deiner Erzählung und dein Gegenüber blickt dir in die Augen und spricht noch einmal zu dir: „Ich danke dir für deinen Besuch und dein Vertrauen, nun kehre zurück in deinen Körper und gib dich dem Schlaf hin. Deine Sorgen werden dich in dieser Nacht nicht mehr belasten."

Du spürst keinerlei Bedauern, diesen Ort nun verlassen zu müssen, denn du spürst, wie dein Geist immer ruhiger wird und sich nach der Ruhe und Stille des Schlafes zu sehnen beginnt. So schwimmst du wieder aus der Höhle hinaus ins offene Meer und tauchst langsam nach oben, immer noch umgeben von dem warmen, rötlich-goldenen Licht. Bevor du die Wasseroberfläche erreichst, wirfst du einen letzten Blick zurück und siehst die Delphine, die zum Abschied nach oben jagen. Du lässt sie nun zurück und verlässt das Wasser, um von der warmen Luft und dem endlosen Sternenhimmel empfangen zu werden. Dein Geist schwebt langsam, aber stetig in Richtung Strand, den du bereits schemenhaft erkennen kannst, um sich wieder mit deinem Körper zu vereinen. Dort angekommen, schwebst du einen Augenblick über deinem Körper und lässt dich dann einfach sanft hineingleiten. Du spürst jetzt wieder die angenehme Schwere deiner Muskeln und der Lider deiner geschlossenen Augen. Eine allumfassende Stille beginnt sich in deinem Geist auszubreiten, während dein Körper immer schwerer wird. Du lässt jetzt einfach los und gibst dich diesem Sog hin. Ich zähle nun rückwärts von fünf bis null und du machst bei jeder Zahl einen tiefen Atemzug. Wenn ich bei null angekommen bin, wirst du in einen tiefen und erholsamen Schlaf sinken und Antworten in deinen Träumen finden.

Bonus: Luzides Träumen erlernen

Wie unglaublich wäre es, wenn wir uns während des Schlafens darüber bewusst wären, dass wir schlafen, sodass wir das Geschehen und unsere Erlebnisse im Traum wie ein*e Regisseur*in des eigenen nächtlichen Films steuern könnten? Das klingt im wahrsten Sinne des Wortes traumhaft und ist doch eigentlich zu schön, um wahr zu sein – oder nicht?

Durch den Klartraum bzw. das luzide Träumen ist das jedoch möglich und wir können unsere Träume aktiv beeinflussen. Unter luziden Träumen versteht man die Träume, in denen uns bewusst ist, dass wir träumen. So gelingt es uns, in unserem Traumgeschehen handlungsfähig zu werden. Denn Träume können häufig sehr kräftezehrend sein und nur wenige Menschen sind in der Lage, von Natur aus klar zu träumen. Mit einigen Tipps und Tricks kannst aber auch du lernen, wie du deinen Traum nach deinen eigenen Vorstellungen und Wünschen steuern kannst.

Die Bezeichnung "luzide" stammt aus dem Lateinischen und wird mit "klar" übersetzt. Sie umschreibt die Klarheit, mit der luzide Träume als solche eingeordnet werden können. Neben dem Kriterium, dass wir uns über den erlebten Traum bewusst sind, gibt es noch andere Voraussetzungen, die für die Definition von Klarträumen herangezogen werden. Menschen, die luzide Träume haben, können sich währenddessen an das eigene wache Leben erinnern, das sogar unverzerrt und lückenlos möglich sein soll. Unter Umständen gilt sogar das Kriterium der Einflussnahme als Anzeichen eines Klartraums.

Demnach handelt es sich bei einem luziden Traum also um einen Bewusstseinszustand, in dem wir einen Traum haben und diesen nicht nur wahrnehmen, sondern auch steuern und beeinflussen können. Meistern wir die Kunst des Klartraums, können wir uns als Oneironat*in bezeichnen. Traumforscher*innen versprechen sich vom luziden Träumen in erster Linie einen ganz großen Nutzen: Es soll uns helfen, unsere Albträume und Psychosen besser zu verstehen und behandeln zu können. Und luzide Träume treten gar nicht so selten auf, wie man anfänglich vielleicht meinen mag. Schätzungen zufolge hatte bereits mehr als die Hälfte aller Erwachsenen mindestens einmal im Leben einen Klartraum.

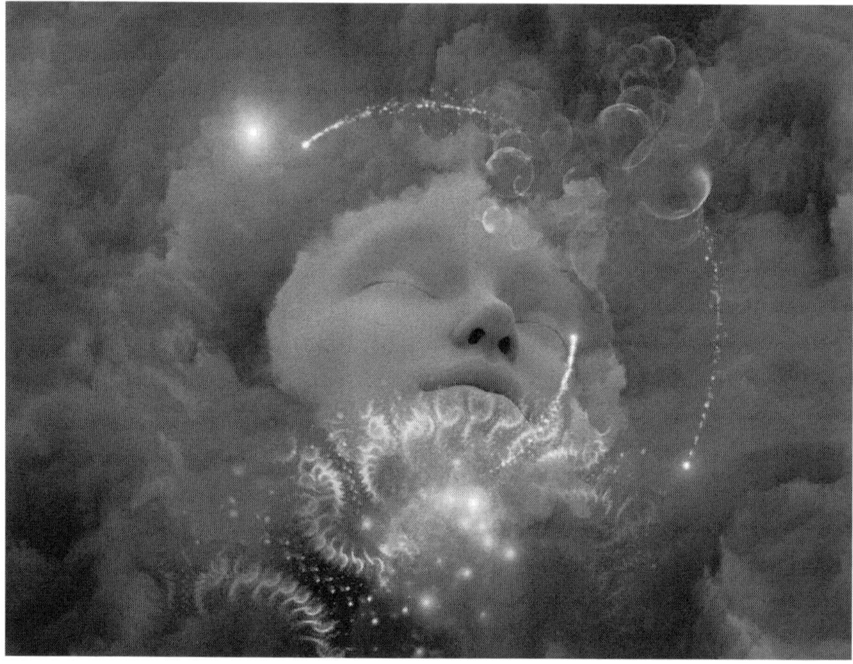

Wissenschaftler*innen der australischen Universität Adelaide sind davon überzeugt, dass vor allem eine Methode zum Erfolg des luziden Träumens maßgeblich beiträgt: das "traum-induzierte luzide Träumen" (DILDs). Dabei wird dem*der Träumenden während eines ganz normalen Traumes auf einmal klar, dass er*sie träumt, wodurch er*sie die Kontrolle über das Traumgeschehen übernehmen kann. Um die magische Erkenntnis des Träumens zu erlangen, untersuchten die australischen Forscher*innen drei wesentliche Punkte in einem zweiwöchigen Experiment, das sie mit 169 erwachsenen Australiern und Australierinnen aller Altersgruppen durchführten.

Zuerst betrachteten sie den sogenannten Realitätstest, der im Wachzustand beginnt. Dabei stellt man sich selbst mehrmals am Tag die Frage, ob man träumt, und schaut, ob irgendetwas in seiner Umgebung widersprüchlich ist. Der Grundgedanke dahinter ist, dass man sich durch diese routinierte Frage auch irgendwann im Traum die Frage nach der (Un)wirklichkeit stellen kann und diese bejahen kann, wodurch in der Folge ein Klartraum ausgelöst wird. Eine weitere Möglichkeit der Wirklichkeitsprüfung ist das Einatmen mit geschlossenem Mund. Denn im Traum werden dadurch offenbar widersprüchliche Sinneseindrücke erzeugt, die signalisieren, dass wir schlafen.

Anschließend führten die Forscher*innen die "Wake Back to Bed"-Methode durch, bei der der Wecker etwa fünf bis sechs Stunden nach dem Zeitpunkt des Einschlafens gestellt wird. Nachdem der Wecker geklingelt hat, blieben die Probanden und Probandinnen einige Zeit wach, bevor sie sich wieder schlafen legten. Ziel dieses Untersuchungsschrittes war es, die mentale Wachsamkeit zu verbessern, wodurch ein luzider Traum während der zweiten Schlafphase begünstigt wird.

Im dritten und letzten Schritt des Experimentes wurde ein Klartraum mnemonisch induziert. Bevor sich die Probanden und Probandinnen zum Einschlafen hinlegten, sagten sie laut die folgende Gedächtnisstütze auf: "Wenn ich das nächste Mal träume, werde ich mich daran erinnern, dass ich träume.". Diese Technik wurde bereits in den 1980er Jahren vom amerikanischen Klartraum-Pionier Stephen LaBerge entwickelt.

Während der ersten Woche des Experimentes führten die Teilnehmer*innen lediglich ein Schlaftagebuch, in dem sie notierten, wie gut und wie lange sie schliefen und wie intensiv und wie oft sie träumten. Am Ende der ersten Woche teilten die Forscher*innen die Teilnehmer*innen in drei Gruppen auf. Die erste Gruppe sollte den Realitätstest mindestens zehn Mal pro Tag praktizieren, wohingegen die zweite Gruppe zusätzlich dazu noch die "Wake Back to Bed"-Methode durchführen sollte. Die dritte Gruppe nutzte alle der drei vorgegebenen Techniken.

Am Ende des zweiwöchigen Experimentes zogen die Forscher*innen ein Fazit und konnten feststellen, dass die Realitätstests am schwächsten abschnitten. Sie hatten in der zweiten Woche keine messbaren Auswirkungen auf die Anzahl der luziden Träume. Unerheblich war zudem, wie oft sich die Teilnehmer*innen die Realitätsfrage am Tag stellten. Die Teilnehmer*innen, die zusätzlich dazu den Wecker in der Nacht stellten, hatten bereits wachere Träume. Die Rate der luziden Träume stieg hier um 54 Prozent gegenüber der ersten Woche an. Während der kurzen Wachperiode lasen die Probanden und Probandinnen außerdem einen kurzen Text über das luzide Träumen. Die größte Effizienz konnte schlussendlich bei der gemeinsamen Nutzung aller drei Techniken festgestellt werden. Von den Traumschülern und Traumschülerinnen der dritten Gruppe hatte in der zweiten Woche mehr als jede zweite Person mindestens einmal einen Klartraum. Das sind doppelt so viele wie in der ersten Woche des Experiments.

Zudem scheint die Gedächtnisstütze vor dem zweiten Einschlafen eine wesentliche Rolle gespielt zu haben. Entscheidend hierbei war jedoch, dass die Teilnehmer*innen zwischendurch nicht allzu lange wach blieben. Wenn sie innerhalb von fünf Minuten nach dem Aufwachen und dem Aufsagen des Mantras wieder einschliefen, trat besonders häufig ein Klartraum ein. Wenn sie jedoch zu lange wach blieben, verpuffte der Effekt.

Die Daten des Experiments lassen zudem Aufschlüsse darüber zu, dass die Teilnehmer*innen, die bereits vor den Untersuchungen luzide Traumepisoden hatten, in der zweiten Woche des Experiments nicht besser als die Klartraum-Neulinge abschnitten. Demnach ist für das luzide Träumen keinerlei Vorerfahrung oder eine natürliche Veranlagung notwendig. Die Forschungen zeigen, dass sich das luzide Träumen in einer relativ kurzen Zeitspanne erlernen lässt. Des Weiteren scheint es, als würden sich Klarträume nicht negativ auf die Schlafqualität auswirken. Denn die Teilnehmer*innen, die in der Nacht einen Klartraum hatten, waren am Folgetag meistens sogar noch ausgeruhter.

Was die Forscher*innen insbesondere begeisterte, ist die Tatsache, dass Klarträume so gezielt herbeiführbar sind. Dadurch lassen sich sowohl die geistigen als auch die körperlichen Effekte von luziden Träumen in der Zukunft besser erforschen. Einige Wissenschaftler*innen hoffen, dass sie anhand von Klarträumen Albträume besser behandeln können, währenddessen andere Wissenschaftler*innen zum Ziel haben, unsere unterbewusste Kreativität freizusetzen und das Bewusstsein, mit der Hilfe von luziden Träumen, besser zu studieren. Zudem vermutet man, dass begabte Klarträumer*innen ihre körperlichen und mentalen Fähigkeiten im Schlaf trainieren können.

Durch das luzide Träumen kannst du also nicht nur lernen, wie du deine Träume und ihr Traumgeschehen steuern kannst, sondern du kannst gleichzeitig auch lernen, deine Träume für dich selbst zu nutzen. Du lernst, deinen inneren

Erlebnisspielraum zu erweitern, denn Träume sind nichts weiter als pure Gefühle. Klarträume werden oft als Glücksgefühl erlebt, das dich beflügeln kann. Aus diesem Grund ziehen insbesondere kreative Menschen viele Anregungen aus Klarträumen und wiederum andere versprechen sich, durch Klarträume inneres Wachstum und psychotherapeutische Prozesse anzuregen.

Alles in allem ist der Klartraum eng mit der allgemeinen Traumerinnerung verbunden, denn beides erschafft eine Brücke zwischen dem Wachsein und dem Traumgeschehen. Das Wichtigste beim luziden Träumen ist das Interesse an der Sache selbst und dass man sich selbst davon etwas Gutes verspricht.

Das Training des Traumgedächtnisses ist also eine Frage des Fokus und der Entscheidung. Beschäftige dich demnach intensiv mit den Themen deiner Träume und lasse dich auch auf diese ein. Außerdem kann es helfen, ein Traumtagebuch zu führen, in dem du alle deine Träume bis in kleinste Detail notierst. Stelle dich bereits vor dem Einschlafen darauf ein, dass du dich an deine Träume der kommenden Nacht erinnern willst, und gehe diesen nach dem Aufwachen sofort nach. Lasse dich dabei von all deinen Sinnen leiten und versuche, nachzufühlen, was du erlebt, gesehen, gespürt, gerochen, gehört oder sogar geschmeckt hast. Intellektuelles Erinnern solltest du an dieser Stelle außer Acht lassen, weil Träume keine intellektuellen Vorgänge sind. Sinnliches Erinnern ist der bessere Weg, um deine Träume wirklich gesamtheitlich zu bergen.

Das luzide Träumen ist eine Chance, um uns selbst ein Stückchen besser kennenzulernen. Der Klartraum kann besonders für die Verwirklichung unserer eigenen Wünsche und Träume, die wir in der Realität nicht umsetzen können, eine spannende Bereicherung sein. Auf der anderen Seite können wir uns während eines Klartraums Fähigkeiten antrainieren, die wir in der Realität benötigen. Doch bis es so weit ist und du deine Träume beeinflussen und steuern kannst, ist es erst einmal an der Zeit, dein Leben direkt zu beeinflussen. Also warte nicht auf Morgen und fang direkt an.

Schöne Träume...

In unseren Träumen scheint nichts unmöglich zu sein, denn physikalische Gesetze und Logik werden außer Kraft gesetzt. Man sagt, dass Träume nichts weiter als Metaphern der Themen sind, die uns in unserem wirklichen Leben beschäftigen. Grundsätzlich sind Träume definiert als unser subjektives Erleben während des Schlafens, wobei die größte Herausforderung darin besteht, dass dieses subjektive Erleben für uns nicht direkt greifbar ist. Somit bleibt uns einzig und allein die Erinnerung an unsere Träume, nachdem wir aufgewacht sind.

Warum sich nachts jedoch nächtliche Filme in unseren Köpfen abspielen, ist noch nicht gänzlich erforscht. Einige Wissenschaftler*innen glauben, dass die primäre Funktion von Träumen die Verarbeitung von im wachen Zustand erworbenem Wissen und neuen Erfahrungen ist. Demnach durchleben wir beim Träumen wichtige Dinge erneut, um unsere neuen Erfahrungen mit unseren alten Informationen zu vermischen und diese dadurch besser in unserem Gedächtnis verankern können. Ob Träume nun wirklich dazu beitragen, dass uns neues Wissen länger im Gedächtnis bleibt, konnte bislang noch nicht bewiesen werden. Bekannt ist jedoch, dass unsere Erfahrungen umso eher in unseren Träumen thematisiert werden, je frischer sie sind. Dabei gehen einige Wissenschaftler*innen sogar noch einen Schritt weiter und vermuten, dass unser Gehirn beim Träumen neue Verknüpfungen zwischen unseren Erfahrungen und unseren Emotionen herstellt und diese dann speichert. Andere Theorien behaupten, dass uns unsere Träume vielmehr auf neue Situationen vorbereiten, als das sie uns Erlebtes aufarbeiten lassen.

In jeder Epoche der Zeit haben Menschen versucht, Träume zu deuten. Laut dem Begründer der modernen Traumforschung, Sigmund Freud, wird jeder unserer Träume von Tageserlebnissen, Sinneseindrücken, Kindheitserinnerungen, aktuellen Wünschen und verdrängten Konflikten beeinflusst. Aus diesem Grund betrachtet seine Traumdeutung Träume als eine Art Bilderrätsel, welches uns den Weg zu unserem eigenen Unbewussten weist. Der Psychologe C. G. Jung erarbeitete auf der anderen Seite eigene Methoden und Regeln zur Traumdeutung. Er verstand den Traum als Darstellung der inneren Wirklichkeit der Träumenden, welche immer präsenter wurden. Somit ist der Traum für die Träumenden unmittelbar verständlich und es bedarf keiner weiteren freien Assoziation, wie Freud sie gern nutzte.

Der neurobiologischen Traumforschung ist es ferner gelungen, nachzuweisen, dass wir während der einzelnen nächtlichen Schlafphasen träumen, wobei es verschiedene Schlafphasen gibt, die wir jede Nacht aufs Neue durchleben. Dabei wechseln sich die Leichtschlafphasen mit den Tiefschlafphasen ab und die Länge der einzelnen Phasen nimmt gegen Ende des Schlafes ab. Grundsätzlich träumen wir in jeder einzelnen Schlafphase, doch nicht jedes Schlafstadium ist für das nachträgliche Wahrnehmen und Erinnern von Träumen gleich gut geeignet. Am besten können wir uns an unseren Traum zurückerinnern, wenn wir aktiv aus einer REM-Phase aufwachen, weshalb der REM-Schlaf als Traumschlaf bezeichnet wird.

Die Erfindung der Traumdeutung geht bis weit in die Geschichte zurück, denn Träume sind ein Phänomen, das die Menschen jeder Zeitepoche gleichzeitig geängstigt und fasziniert hat. Die Traumdeutung bezeichnet die Handlungen und weltanschaulichen Konzepte, die hinter den Gefühlen, Tätigkeiten und Bildern, die wir im Traum durchleben, immer jeweils eine bestimmte und in den meisten Fällen auch wichtige symbolische Bedeutung vermuten und diese methodisch zu deuten versuchen.

Auch wenn wir uns nicht immer an unsere Träume erinnern können, träumen wir meistens mehrmals pro Nacht. Da das Träumen für die menschliche Psyche fundamental ist, ist auch die Erinnerung an unsere eigenen Träume für die Verarbeitung unserer Ängste, Sehnsüchte und Belastungen unglaublich wichtig. Die Traumdeutung kann uns dabei helfen, unser Leben zu verbessern, denn jeder Traum, an den wir uns erinnern können, ist eine Chance, um unser Unterbewusstsein besser kennenzulernen.

Unsere Träume haben eine individuelle Symbolsprache, die wichtige Botschaften unseres Unterbewusstseins enthalten. Aus diesem Grund müssen Träume immer auch im eigenen individuellen Kontext interpretiert werden, weil nicht alle Symbole für jeden von uns dieselbe Bedeutung haben. Die Traumdeutung ist ein wichtiger Schritt in Richtung unserer Selbsterkenntnis. Die zahlreichen Methoden der Traumdeutung können uns helfen, mit den verschiedenen

Situationen in unserem Leben besser umzugehen. Unsere alltäglichen Konflikte beschäftigen uns jeden Tag aufs Neue und bereiten uns nicht selten auch große Sorgen. Unsere Träume ermöglichen es uns jedoch, diese Sorgen zu bereinigen. Traumforscher*innen haben diese Konflikte in fünf Problembereiche untergliedert, die sowohl für den Traum als auch für unser Leben sehr bedeutsam sind.

Im Rahmen der Traumdeutung lohnt es sich außerdem, ein Traumtagebuch zu führen, um das eigene Traum-Ich besser wahrzunehmen und beschreiben zu können. Traumtagebücher helfen uns, wiederkehrende Traumsymbole und Muster zu erkennen. Das ermöglicht es uns, interessante Rückschlüsse auf unser eigenes psychisches Erleben zu ziehen. Die Analyse zahlreicher Traumberichte hat ergeben, dass Träume einen sehr großen Ich-Bezug haben. Dabei wird das Traum-Ich als das handelnde und wahrnehmende Ich des*der Träumenden beschrieben. Im Gegensatz dazu sind die Träume, in denen der*die Träumende eine pure Beobachtungsposition einnimmt und nicht selbst aktiv in die Geschehnisse eingreift, sehr selten. Hierbei nehmen wir den größten Teil dieser Träume genau wie die Realität wahr. Nur ganz selten wissen wir als Träumer*in, dass wir uns in einem Traum befinden – zum Beispiel beim luziden Träumen.

Unter luziden Träumen bzw. Klarträumen versteht man die Träume, in denen uns bewusst ist, dass wir träumen. Dadurch können wir unser Traumgeschehen also aktiv beeinflussen und mitgestalten. Der luzide Traum ist also ein Bewusstseinszustand, in dem wir einen Traum haben und diesen nicht nur wahrnehmen, sondern ihn auch steuern können. In erster Linie versprechen sich Traumforscher*innen von Klarträumen, dass wir unsere Albträume und Psychosen besser verstehen und behandeln können.

Albträume entstehen nämlich durch ein Zusammenspiel aus Prädispositionen und aktuellem Stress oder treten im Rahmen anderer psychischer Störungen auf. Jeder von uns nimmt Albträume unterschiedlich wahr, doch sie alle rauben uns den Schlaf. Albträume spiegeln unsere Erlebnisse des Tages, unsere Erfahrungen, den Alltagsstress und manchmal sogar unsere psychischen Probleme wider. Doch wir sollten uns nicht einfach nur mit unseren Albträumen abfinden, denn sie können – zum Beispiel durch Konfrontation oder die Imagery Rehersal Therapy – angegangen werden.

Träume sind ohne Zweifel eine sehr tiefgründige und hochinteressante Welt und es lohnt sich, näher in sie einzutauchen. Sie versenden verschlüsselte Botschaften aus unserem Unterbewusstsein und können dadurch ein sehr guter Ratgeber für unser eigenes Leben sein. Du musst nur den Schritt wagen, offen dafür sein und hinhören, was sie dir sagen wollen.

Das große Traumlexikon – Träume von A-Z

VERZEICHNIS DER TRAUMSYMBOLE

A – Traumsymbole

Abbau	* die Angst vor einer ungewissen und unsicheren Zukunft
Abbrennen	* insbesondere dann schlecht, wenn im Traum ein Dachstuhl abbrennt * ist jedoch Rauch zu sehen, steht das Abbrennen für etwas Positives * kann man eine helle Flamme sehen, symbolisiert das Abbrennen große Freude
Abend	* das Nachlassen bzw. Schwinden körperlicher und geistiger Kräfte
Abendbrot	* gute, positive Nachrichten * Glückssträhnen am kommenden Tag * Angelegenheiten werden zufriedenstellend erledigt
Abendmusik	* Harmonie kommt in der Musik zum Ausdruck, taucht abends gleichzeitig aber mit einem negativen Vorzeichen auf

Abendstern	* bevorstehende Ereignisse könnten den Herzensfrieden stören * leuchtet der Abendstern, lassen sich vorgesehene Pläne leicht verwirklichen * tritt der Abendstern in Kombination mit anderen Sternen auf, bringen dich deine aktuellen Projekte deinem Ziel näher und werden dir große finanzielle Vorteile bringen * erscheint der Abendstern hinter dunklen Wolken, symbolisiert er eine vergebliche Hoffnung
Abenteuer/ Abenteurer	* steht für Unsicherheit bezüglich einer anderen Person oder deiner Umgebung
Abfahrt & Abreise	* Sinnbild des unaufhaltbaren Schicksals * die Wahl der richtigen bzw. falschen Richtung obliegt dir selbst * Abfahrt mit dem Auto, der Bahn oder dem Flugzeug: du entgehst einem drohenden Unheil * siehst du dich selbst abfahren, versuchst du, dich vor einer Verantwortung zu drücken
Abgrund	* Aura des Unglücks * dein Unterbewusstsein erkennt eine Gefahr * stehst du selbst an einem Abgrund, näherst du dich an eine gefährliche Zeit in deinem Leben an * gleitest du in einen Abgrund hinein, kannst du mit Kummer und Trübsal rechnen * stürzt du in einen Abgrund hinein, wird eine unverhoffte frohe Botschaft eintreten * siehst du andere in einem Abgrund, ist die Lage dieser Person voraussichtlich katastrophal
Abschied	* Trennung als Beweis der Freundschaft * Symbol der baldigen Lebensänderung * nimmst du selbst Abschied, bedeutet das Treue * verabschiedest du dich von Freunden, bedeutet das Erbschaft * siehst du zwei sich verabschiedende Person, bedeutet das eigene Untreue

Adler	* tollkühne Taten und Gedanken können einen gefährlichen und gleichzeitig erfolgreichen Ausgang haben * lebender Adler: Nutzen und Gewinn * stehender oder sitzender Adler: Tod großer Herren * Adler in großer Höhe: es ist mit einem besonders großen Glücksfall zu rechnen * einen Adler besitzen: Ehre * einen Adler schießen: Gram und Verlust * schwarzer Adler: baldiger Tod eines*r guten Freundes*in * weißer Adler: große Erbschaft möglich
Affe	* die Entwicklung zu einem reifen Erwachsenen stößt auf Probleme und Schwierigkeiten * einen Affen sehen: du wirst von Schmeichlern*innen umgeben und schenkst ihnen unverdienten Glauben * einen kletternden Affen sehen: gute Aussichten im Liebesleben
Alkohol	* trinkst du ihn, symbolisiert er den Wunsch nach verbotenen Freuden, die Unannehmlichkeiten mit sich bringen
Almosen	* verschenkst du sie, bedeutet dies bei Reichen Unglück und bei Armen Glück * erhältst du sie selbst, bedeutet das, dass sich deine Verhältnisse verschlechtern
Alpen	* befindest du dich in ihnen, symbolisieren sie die Festigung von wirtschaftlichen Verhältnissen * siehst du sie, symbolisieren sie Gesundheit und ein langes Leben * machst du eine Alpentour, symbolisieren sie Glück in deinem Beruf * siehst du Alpenblumen, wirst du deinen geistigen Horizont erweitern * siehst du Alpenglühen, hast du Sehnsucht nach einem göttlichen Erleben

Altar	* Symbol des Opfers, dabei kann sowohl eine Erfüllung als auch ein Opfer des eigenen Glücks bevorstehen * siehst du einen Altar, bedeutet das für Ledige eine baldige und glückliche Ehe und für Verheiratete eine mögliche Scheidung * schmückst du einen Altar, bedeutet das Glück und Freude * betest du an einem Altar andächtig, bedeutet das, dass ein langersehnter Wunsch in Erfüllung geht
Amor	* eine kurze Liebschaft
Ampel	* Unklarheiten * Ampel ohne Licht: Glück und Freude * brennende Ampel: Kummer
Angel	* du findest dein seelisches Gleichgewicht wieder * siehst du andere angeln, symbolisiert das eine gute Gelegenheit für eine neue Kameradschaft * angelst du große Fische aus klarem Wasser, bedeutet das Glück und Erfolg
Anker	* unliebsame Reise * hältst du dich an einem fest, bedeutet das, dass sich deine Verhältnisse verbessern * siehst du, wie ein Anker geworfen wird, steht das für Hilfe und Hoffnung
Apfel	* Liebeszeichen * gute Lebensbeziehungen werden ins Auge gefasst oder sind in Sicht * Äpfel sehen: Hochzeit * knackige und frische Äpfel essen: Heiratsglück * wurmige Äpfel essen: Trübsal und Trennung * blühender Apfelbaum oder einer mit Früchten: eine freudige Nachricht steht bevor, die für dein gesamtes Leben bedeutsam ist
Arbeit	* Vorzeichen für Erfolg aus eigener Kraft heraus * arbeitest du, steht das für eine Gehaltserhöhung * vergibst du Arbeit, bedeutet das Gewinn

Armbanduhr	* trägst du sie selbst, wird deine Zeit stark in Anspruch genommen * schenkst du jemandem eine, bedeutet das eigenes Glück * siehst du eine an anderen Menschen, stehen große Erfolge bevor
Auferstehung	* du wirst vom Unglück befreit und eine innere Wandlung beginnt
Augen	* innerliche Unruhe, du beschäftigst dich mit dir selbst * schwarze Augen: Vorsicht * feurige Augen: Liebe * blaue Augen: große Liebe * blinde Augen: frohe Nachricht * schielende, kranke Augen: Geldmangel * den Augen beraubt werden: Liebesleid
Aussicht	* meistens Symbol naher Zukunft * die gute und die schlechte Zukunft schwankt zwischen Klarheit und Nebel * schöne weite Aussicht: Wohlstand und Glück * Aussicht von einem Turm aus über Täler und Berge: eine große Reise steht dir bevor * Aussicht, die durch Rauch oder Nebel getrübt ist: dir stehen große Unannehmlichkeiten bevor
Auswandern	* eine Veränderung in deinem Leben steht bevor
Ausziehen	* deine Kleidung: eigens verschuldetes Unglück * deine Schuhe: bevorstehende Reise * aus der Wohnung ausziehen: Veränderung in deinem Privatleben

B – Traumsymbole

Backofen	* von außen betrachtet symbolisiert der Backofen wohlhabende Verhältnisse * siehst du die Glut in ihm, symbolisiert er Glück und Erfolg
Bad	* Versuch, Schmutziges und Altes wegzuwaschen * ein Bad nehmen: bürgerlicher Wohlstand * heißes Bad: Krankheit * kaltes Bad: Sieg über Feinde
Bahnhof	* neuer Lebensabschnitt, fester Entschluss
Balkon	* oftmals sexuell aufzufassen -> Balkon = Brust * auf einem Balkon stehen bedeutet, dass du eine*n liebe*n Kameraden*in findest * auf einem Balkon einstürzen oder einen Balkon einstürzen sehen bedeutet, dass du viele deiner Hoffnungen als unrealisierbar betrachten solltest
Ball	* das Schicksal spielt mit dir, wobei du entweder Zeit verlieren, dein Glück gewinnen oder dich selbst aufgeben kannst
Ballon	* wenn du einen Ballon siehst, bedeutet das, dass du eine große Ernüchterung erleben wirst * siehst du dich selbst in einem Ballon fliegen, bedeutet das, dass du dich von erreichbaren Zielen entfernst
Banane	* symbolisiert bei Frauen etwas rein Sexuelles * eine Banane sehen: Annäherung zu einem Menschen, der deine Seele versteht * eine Banane essen: deine Sexualität erwacht stärker
Berg	* bevorstehende Schwierigkeiten, die es zu überwinden gilt
Beten	* Zwiegespräch aus Gottesfurcht * meistens als Ausdruck innerer Disharmonie zu verstehen
Bett	* symbolisiert immer auch etwas Sexuelles * ein leeres Bett: Todesfall * das Bett machen: häusliches Glück * in einem sauberen Bett liegen: Zufriedenheit * in einem schmutzigen Bett liegen: Unzufriedenheit * in einem Bett nicht einschlafen können: Uneinigkeit * mit einem Kind in einem Bett liegen: eine Hoffnung wird erfüllt
Bibliothek	* nach langem und zähem Streben stellt sich endlich Erfolg ein

Bier	* Symbol von Gesundheit und Ruhe * ein Bier trinken: guter Verdienst und Gesundheit * mit jemandem ein Bier trinken: gute Freundschaft * ein Bier verschütten: Kindtaufe oder Hochzeit
Bild	* im Sinne einer Fotografie oder eines Spiegels: du bist auf der Suche nach einem klaren Bild von dir selbst oder anderen * dein eigenes Bild sehen: bringt Glück * das Bild von Frauen, Kindern oder Bekannten sehen: bringt Neuigkeiten * das Bild von verstorbenen und nahestehenden Menschen sehen: Befreiung
Birne	* noch mehr als der Apfel ein Zeichen von Liebesbeziehungen -> mit ihr werden auch allgemeine Beziehungen zu anderen Menschen angedeutet * eine Birne essen: Trauer * eine Birne sehen: Hochzeit * eine gute Birne: Heiratsglück * eine wurmige Birne: Trübsal oder Trennung * ein blühender Birnenbaum oder einer mit Früchten: freudige Nachrichten stehen bevor, die für dein gesamtes Leben bedeutsam sind
Blatt	* Wandel der Natur, Werden und Sterben
Blau	* Farbe symbolisiert die Erfüllung von Wünschen * blaues Kleid: seelisches Leid * klarblauer Himmel: du wirst von Schwierigkeiten befreit * in einem blauen Zimmer sitzen: materielle Nöte und Sorgen
Blitz	* plötzliche Klarheit über Ereignisse
Blumen	* vielfältige Bedeutung, oftmals sexuell zu interpretieren * schöne Blumen: Erfolg * gut duftende Blumen: viel Gutes * frische Blumen: Gesundheit * welkende Blumen: Misserfolg * Blumen pflücken: hüte dich * Blumen abreißen und wegwerfen: du weichst deinem Glück aus

Blut	* vielfältige Bedeutung, oftmals sexuell zu interpretieren * Blut sehen: du bangst um einen nahestehenden Menschen * selbst bluten: gutes Zeichen * Blut speien: Böses, Krankheit
Bombe	* Gefahren, Vernichtungen * Bombe sehen: ungünstiges und unerwartetes Ereignis * selbst eine Bombe auf jemanden werfen: Anfeindungen durch andere * eine Bombe explodieren sehen: Unfall
Boot	* Lebensweg verändert sich
Brand	* Unklarheit, Hilfsbedürftigkeit, Unsicherheit
Braut	* Sehnsucht nach Ehe und Geborgenheit * eine Braut sehen: Glück und Freude * sich selbst als Braut sehen: du wirst deine eigene Situation verbessern können
Brief	* Liebesbrief: schlechte Nachrichten * Trauerbrief: gute Nachrichten
Briefmarke	* sehen, kaufen, kleben: neue Bekanntschaft
Brille	* innerliche Unruhe * eine Brille sehen oder tragen: Pechsträhne
Brücke	* ganze Brücke: positiv für die Zukunft * auf einer Brücke laufen: du musst auf der Hut sein * auf eine Brücke fallen: Geschäfte werden verhindert * über eine unsichere, alte Brücke hinübergehen: du wirst einer Gefahr glücklich ausweichen können * über eine ganz lange Brücke gehen: großer Fortschritt
Brunnen	* symbolisiert ohne Wasser etwas Negatives * symbolisiert mit Wasser etwas Positives * läuft das Wasser über, symbolisiert er einen Verlust * aus einem Brunnen Wasser schöpfen bedeutet, dass du dich an einen anderen Menschen bindest
Burg	* Symbol der aus dem innerlich Gefestigten drohenden Gefahr

C – Traumsymbole

Café	* Ruhephase, bevor etwas Neues beginnt * in einem Café sitzen: du wirst gezwungen, deine Zeit mit dem Nichtstun zu vergeuden
Chef*in	* symbolisiert immer etwas Unangenehmes * meistens steht im eigenen Beruf ein Wechsel bevor * von seinem*r Chef*in träumen: Unannehmlichkeiten * mit einem*r streiten: bringt Unsicherheit in die eigene Existenz mit sich * ein Geschenk von ihm*ihr erhalten: bevorstehender Verlust
Clown	* Ungewissheit * Angst vor dem Gefühl der eigenen Minderwertigkeit und vor Spott * einen Clown sehen: du bekommst eine Auszeichnung * selbst ein Clown sein: du findest bei deinen Freunden kein Verständnis
Cocktail	* einen trinken: du sehnst dich nach Abwechslung * einen zubereiten: aufkommende Missverständnisse in deinem Privatleben

D – Traumsymbole

Dach	* symbolisiert nicht erlaubte Fantasien * Dachbrand symbolisiert oftmals Gehirnentzündungen * auf einem Dach stehen: hohe Ehre * von einem Dach fallen, ohne sich zu verletzen: du wirst einer Gefahr entrinnen * von einem Dach fallen und dich verletzen: Erkrankung * aus einem Dachfenster blicken: weit entfernte Hoffnungen
Dampf	* eine ehrliche Arbeit erweist sich als unnütz
Decke	* Verhüllung von etwas Wahrem, für das du dich schämst
Denkmal	* Abschluss eines Plans oder einer Arbeit * oftmals verbunden mit zu hohen Erwartungen an die Umsetzung deiner Pläne * eins sehen oder setzen: du freust dich über einen Fortschritt * dein eigenes sehen: du machst dich durch deinen Größenwahn lächerlich * von Bekannten sehen: du nimmst am Erfolg anderer teil * von großen Persönlichkeiten sehen: du kommst in deiner Arbeit, aufgrund deiner eigenen Verdienste, vorwärts
Diamant	* Minderwertigkeitsgefühl oder eigene Überbewertung * einen sehen: freundliche und positive Zukunft * mehrere besitzen: Wohlstand
Dokumente	* Dokumente symbolisieren eine Erbschaft
Dolch	* du fühlst dich schwach, bringt Unheil
Donner	* positive und negative Planausgänge werden von dir beeinflusst
Drache	* kaltblütige Vitalität * um Erfolg zu haben, setzt du dich über alles hinweg * als Fabeltier sehen: du wirst die Gunst von hochgestellten Personen erlangen * einen bösen Drachen sehen: Verlust * von einem Drachen verwundet werden: ein mächtiger Feind bedroht dich * einen Drachen töten: du wirst dich aus einer schwierigen Situation befreien * einen Papierdrachen fliegen sehen: falsches Glück
Dreck	* Reichtum

Drei	* Zahl 3 symbolisiert viel Glück
Dreieck	* Ursymbol * teils sexuelle (weibliche) und teils magische Bedeutung
Drohung	* Ausdruck von Unvermögen, du kannst dich nicht durchsetzen * jemandem drohen: Aufregung * Drohung bekommen: Zukunftsangst
Dusche	* Reaktion eigener Handlungen * eine kalte Dusche nehmen: deine ehrlichen Absichten werden verkannt * eine warme Dusche in einem kalten Raum nehmen: Gesundheit * eine Dusche in lustiger Gesellschaft nehmen: Vergnügen

E – Traumsymbole

Ebbe	* die Gezeiten symbolisieren das Auf und das Ab des Lebens * die Ebbe am Meer sehen: Erbschaft oder allgemeiner Gewinn * Ebbe und Flut sehen: wechselndes Glück
Ebene	* Hindernisse werden verleugnet * auf einer Ebene stehen: gutes Fortkommen * von einer Erhöhung aus über die Weiten einer Ebene blicken: du wirst in deinem Leben aufsteigen * eine Ebene sehen: große Freude oder großes Glück
Ecke	* du erlangst Vorteile
Ehe	* sexuell zu interpretieren * Wunschtraum, Auseinandersetzung * eine Ehe eingehen: Gewinn und Glück * eine Ehe mit einem Witwer oder einer Witwe eingehen: Sorgen * Ehefrau: Wohlstand * Ehemann: du wirst versorgt * Ehebruch: Gefahr von Feuer * Ehescheidung: böse Nachrede
Ehrgeiz	* Enttäuschungen

Ei	* positive Erfolgsplanung * eins sehen oder eins haben: häusliche Verträglichkeit * eins finden: feste Bindung * eins essen: Nahrungssorgen werden beseitigt * bunte Eier: schwerer Kummer * faules Ei: du bekommst einen schlechten Ruf * Eier kaufen: du erlangst Vorteile * verdorbene Eierspeisen: Familienstreit
Eid	* du befindet dich in einer Klemme, unangenehmes Zeichen * einen Eid leisten: du wirst in einen Prozess verwickelt * einen Eid zur Rettung der eigenen Unschuld ablegen: unerwartete Erbschaft * einen falschen Eid leisten: du möchtest etwas Unangenehmes illegal aus der Welt schaffen
Eifersucht	* Streit
Eile	* in Eile sein: Unruhe * eilig essen: Gesundheit * eilen, um zu einer Festlichkeit zu kommen: du wirst ein Abenteuer erleben * zum Zug eilen: viele Neuigkeiten * den Zug trotz der Eile verpassen: du willst etwas Unmögliches erreichen
Einbrecher	* das sexuelle Triebbegehren kommt zum Ausdruck
Einbruch	* einen sehen: Liebesabenteuer * selbst einbrechen: Sehnsucht nach Reichtum * durch einen Einbruch bestohlen werden: du solltest auf deine Gesundheit achten * einen Einbruch bei dir selbst bemerken, aber feststellen, dass nicht gestohlen wurde: Warnung vor einer aufkommenden, bedrohlichen Gefahr
Einladung	* du willst deiner Einsamkeit entfliehen
Eins	* die Zahl 1 symbolisiert Glück * eine große und rot gemalte 1 symbolisiert einen Lotteriegewinn, wenn du ein Los mit vielen Einsern kaufst
Einsturz	* Unglück

Eis	* Gefahrentraum, unausgesprochen * im Sommer: nutzloses Beginnen * auf Eis gleiten und hinfallen: bevorstehender Unfall * auf Eis schlittern: vereitelte Hoffnungen und getäuschte Liebe * ins Eis einbrechen: du hast in deinem Umfeld feindlich gesinnte Menschen * Eis an heißen Tagen essen: ein ermüdendes Abenteuer steht bevor
Eisen	* Widerstandswillen, Stärke
Eisenbahn	* eine neuartige und klare Planung ist im Gange
Eiszapfen	* herunterhängend von Dächern: eine Liebe vertieft sich
Ekel	* körperliche Reaktion auf unbewusste Gedankengänge * Ekel empfinden: Magenverstimmung * Ekel beim Essen empfinden: jemand wünscht dir Schlechtes * ein ekelerregendes Tier in den Händen halten: du wirst in der Liebe viel Erfolg haben
Elefant	* taucht meistens in Träumen von Frauen auf und symbolisiert die männliche Stärke * einen Elefanten sehen: du hast Verehrer, die du aber nicht so leicht wieder loswirst * auf einem Elefanten reiten: Glück in der Ehe oder Anschluss an jemanden Vertrauenswürdigen * einen Elefanten im Zirkus sehen: du wirst dich, in deinem übertriebenen Bestreben danach, anderen zu gefallen, lächerlich machen * Elefantenmutter mit ihren Jungen: ruhiges und bescheidenes Familienleben
Elend	* von anderen sehen: du wirst beneidet
Elfen	* schönes Liebesleben * von Elfen umringt sein: du zweifelst daran, welchen von zwei Menschen du mehr liebst * einen Elfen verschwinden sehen, sobald du nach ihm greifst: trauriges Liebesleben
Elster	* Diebstahl

Eltern	* du sehnst dich nach ihrem Halt * Eltern sehen oder mit ihnen sprechen: Glück und Heiterkeit * mit deinen Eltern streiten: üble Vorbedeutung * Eltern verstorben sehen: gute Familiennachrichten
Engel	* du suchst dir einen Ausweg aus momentanen Schwierigkeiten * einen Engel sehen: immer ein gutes Zeichen * dich selbst als einen Engel sehen: du wirst Liebe und Freundschaft gewinnen * von Engeln umgeben sein: du wirst große innere Ruhe finden
Entblößung	* du wirst in Not geraten * einen schönen Menschen des anderen Geschlechts nackt sehen: deine eigene heimliche, heiße Sehnsucht wird befriedigt * einen hässlichen Menschen des anderen Geschlechts nackt sehen: durch eine Affäre musst du mit Spott und Schande rechnen * kleine Kinder nackt sehen: reinstes Glück * durch den Anblick eines nackten Menschen erschrecken: böser Schrecken in deinem Leben
Ente	* Hoffnung
Entführung	* selbst jemanden entführen: Eheversprechen oder Freundschaftsbund * eines Kindes: unverhofftes Glück * von großen Persönlichkeiten: Unzufriedenheit
Erbrechen	* Glück
Erbschaft	* Streit und Ärger kommen auf * Erbschaft bekommen: du verlierst plötzlich viel Geld und gerätst dadurch in Kummer und Elend * Erbschaft verweigern: gute Änderung deiner aktuellen Situation
Erdbeben	* Warnung

Erde	* schwarze Erde sehen: Trauer und Kummer * auf nackter Erde sitzen und dabei Kälte empfinden: du solltest auf deine Gesundheit achten * auf der Erde und in der Sonne liegen: auf einem Ausflug wirst du dich gut amüsieren * gelbe und von der Sonne beschienene Erde: Glück und treue Freunde
Erfindung	* Unzufriedenheit mit den aktuellen Umständen * Zeichen, realer zu denken
Ermordet	* werden: langes Leben
Ernte	* Sehnsucht nach Lebenserfolg und dem Anerkennen der eigenen Leistungen
Erschossen	* werden: Ehre
Esel	* symbolisiert deine Geduld, weil du entweder dumme Freunde hast oder selbst für dumm gehalten wirst
Essen	* Nottraum oder ein Zeichen für deine Abneigung gegenüber Essen im Wachzustand * eiliges Essen: Gesundheit * reichlich allein essen: du machst dich durch einen Mangel oder durch deine Rücksichtslosigkeit an Mitgefühl unbeliebt * essen wollen, aber nichts finden: Veränderung im Leben
Explosion	* eine sehen: nervöse Unruhe, die sich urplötzlich wieder legt

F – Traumsymbole

Fackel	* Wesensänderung wahrscheinlich * eine Fackel sehen: du wirst ein Geheimnis erfahren * eine Fackel leuchten sehen: du bringst Klarheit in dunkle Verhältnisse * eine Fackel tragen: du wirst geliebt * eine Fackel löschen: ein angenehmes Verhältnis wird zerstört * eine erloschene Fackel sehen: unerfüllte Wünsche und unerreichbare Hoffnungen * am hellen Tag brennende Fackeln: du wirst im Ausland viel Glück haben * vom Himmel fallende Fackeln: du bekommst schlechte Nachrichten
Faden	* symbolisiert häufig Nervenreizungen, wenn der Faden lang ist * einen Faden sehen: etwas, vom dem du gehofft hast, dass es schnell vorbei ist, zieht sich in die Länge * einen Faden aufwickeln: Warnung, dass du deine Geheimnisse hütest * einen Faden abwickeln: du entdeckst ein Geheimnis
Fächer	* Verdeckung wahrer Absichten
Fahne	* symbolisiert Lebenspläne
Fallen	* in einen Graben: du bekommst einen schlechten Ruf * aus der Höhe: Verlust von Vermögen und Ehre * über einen Gegenstand: du erhältst über etwas Aufschluss * stolpern, ohne zu fallen: du wirst vor einem Unglück bewahrt * selbst fallen: Gefahr * andere fallen sehen: du wirst Feinde entlarven
Familie	* Glück
Feder	* Hochmut und Eitelkeit * lediglich reine weiße Federn symbolisieren reines Wollen und Unschuld
Feiertag	* du wirst Sorgen haben
Feinde	* Warntraum, soll bestimmte Instinkte wachrufen * Zusammentreffen mit Feinden: achte auf Hinterhalte * Feinde im Feld oder im Krieg: Ärger und Zank

Felsen	* Standhaftigkeit, Basis aller Handlungen * hohe Felsen sehen: großartiges Vorhaben * Felsen besteigen: Verzögerung einer Angelegenheit * einen Felsen erklettern wollen, aber es nicht können: Rückschlag * mühsam von einem Felsen herabklettern: Verlust von Verwandten oder Freunden * von einem Felsen herunterstürzen: plötzlich eintretendes Unglück
Feuerwerk	* eins sehen: Täuschung * selbst eins entzünden: du wirst großes Aufsehen erregen, das aber schnell wieder vorrübergeht
Finsternis	* Sinnbild der seelischen Lage, die sich nur durch Dritte verändern kann * du fühlst dich schutzlos und brauchst Hilfe * sich in der Finsternis befinden: du benötigst den Rat von anderen * mit vielen Menschen gemeinsam in der Finsternis sein: Verschwörung gegen den Staat
Fisch	* symbolisiert Hoffnung und Aufschwung
Fliegen	* selbst Flügel haben: Kummer * keine Flügel haben: Glück und Freude * im Flugzeug: ein hochgelobter Plan scheitert und bringt Schaden mit sich * währenddessen herabstürzen: du wirst mit in eine böse Angelegenheit hineingezogen * jemanden fliegen sehen: Eifersucht * mit dem Ballon fliegen: Erfüllung von Wünschen
Flucht	* Ausweg, um Gefahren, selbst in Gedanken, aus dem Weg zu gehen * selbst auf der Flucht sein: du wirst einer Gefahr entrinnen * jemandem zur Flucht verhelfen: aufgrund der Gutmütigkeit bekommst du Unannehmlichkeiten
Freude	* Ausdruck von innerer Ausgeglichenheit * du solltest jedoch prüfen, ob diese echt ist

Friedhof	* neue Probleme führen zu Unruhe, vor allem, wenn du plötzlich entscheiden musst * einen Friedhof sehen: Verlust eines geliebten Menschen * Blumen auf einen Friedhof bringen: bevorstehender Todesfall in der Familie
Frosch	* durch einen Zufall oder eine Zähigkeit wird die eigene Stellung verbessert * einen Frosch sehen: viel Geld * einen Frosch in der Hand haben: Gewinn * einen Frosch quaken hören: du wirst gelobt * einen Frosch essen: bevorstehende Krankheit * einen Frosch töten: du fügst dir selbst Schaden zu
Frost	* Versöhnung mit Freunden
Frucht	* du bangst um deinen eigenen Erfolg * eine Frucht essen: Klugheit * eine Frucht pflücken: bringt dir Vorteile * eine faule Frucht: Verluste und Widerwärtigkeiten * verschiedene Früchte auf einmal: eine Auseinandersetzung hat einen guten Ausgang
Frühling	* meistens purer Potenztraum * sich selbst vom Frühling träumen sehen: einer deiner Wünsche wird niemals in Erfüllung gehen
Fußball	* symbolisiert Leichtsinn * Besorgnis, dass du nicht mit der Arbeit fertig wirst * mit einem Fußball spielen: du wirst deine Arbeit vernachlässigen * bei einem Fußballspiel zugucken: Teilnahme an sportlichen Events

G – Traumsymbole

Garten	* entspricht deinem Innenleben, abhängig davon, ob dein Traum den Garten verwildert oder gepflegt zeigt * einen Garten sehen: du wirst eine neue Liebe finden * in einem Garten spazieren: Vergnügen * in einem Garten arbeiten: durch Pflichterfüllung kommt Zufriedenheit * einen Garten mit hohen Zäunen sehen: eine deiner Bitten wird ausgeschlagen * einen vernachlässigten Garten sehen: dich umgeben falsche Ratgeber
Gebäude	* jeder muss sich selbst das Haus des Lebens bauen * je höher das Gebäude ist, desto erfolgreicher ist dein Leben * ein Gebäude bauen sehen: du erlangst hohes Ansehen * einen fertigen Neubau sehen: gute Aussichten auf eine Verdienstquelle * einen Wolkenkratzer sehen: du wirst viel Geld besitzen * ein amtliches Gebäude sehen: Geldverlust und Unannehmlichkeiten * ein Gebäude einstürzen sehen: ein Plan vereitelt sich
Gebet	* symbolisiert notwendige Hilfe und Demut * ein Gebet aussprechen: deine Wünsche werden erhört
Gebirge	* Unzufriedenheit
Geburt	* bei Frauen: neue Einstellung zum Leben * bei Männern: große Pläne werden vollendet * eine Geburt sehen: bedeutet für Männer die Trennung von der Frau; bedeutet für Arme, Reiche und Geschäftsleute etwas Schlimmes und für Reisende eine Rückkehr in die Heimat * selbst gebären: neue Möglichkeiten der Existenzgründung * die Geburt eines Tieres sehen: bevorstehende, tolle Zeit
Geburtstag	* Heiterkeit
Gefahr	* sich in einer befinden: du wirst zur Ruhe kommen
Gefangen	* sein: du wirst keine Nahrungssorge haben * werden: du wirst eine gute Stellung bekommen

Gefängnis	* du bist an Menschen, Dinge und Umstände gebunden, von denen du dich befreien solltest * ein Gefängnis sehen: Sicherheit * unschuldig in ein Gefängnis kommen: du wirst auf Misstrauen stoßen * aus einem Gefängnis entlassen werden: eine neue Epoche in deinem Leben beginnt
Geheimnis	* verraten: erwarte Schaden * erfahren: Freundschaft
Geist	* symbolisiert ein Phantom, dem du nachjagen solltest * einen Geist sehen: dir wird Unangenehmes widerfahren * mit einem Geist reden: du wirst gute Eindrücke gewinnen
Geld	* bei Frauen: beinahe immer ein Symbol erotischer Spekulationen * bei Männern: Symbol für Leistungsfähigkeit im Leben und in der Liebe * Geld sehen: plötzliche Ausgaben * Geld verdienen: Glück in der Liebe * Geld finden: du wirst vor einem Schaden bewahrt * Geld gewinnen: bedeutet Schlechtes * Geld zahlen: du wirst einen Lohn einheimsen * Geld zählen: guter Verdienst * Geld einem Bettler geben: großer Gewinn
Geschrei	* Unglück
Gewitter	* an einem finsteren Himmel: Unruhe im Lande * auf freiem Feld: größere allgemeinpolitische oder soziale Ereignisse und deren Verschlimmerung * von einem Gewitter überrascht werden: drohendes Unheil * ein schweres Gewitter erleben: deine Geschäfte laufen gut
Gift	* getrübte Gedanken * du musst mit deinen Plänen vorsichtig sein * Gift nehmen: anbahnende Gefahr * jemandem Gift geben: du wirst in Not geraten
Glück	* Glück haben: Verfolgung * Glück in der Liebe haben: Untreue des*der Liebsten * ein glückliches Paar sehen: du fühlst dich selbst unglücklich

Gott	* Ausgleich von Depressionen und innerer Spannungen * Gott anbeten: Festigkeit im Glauben * Gott sehen und reden hören: Segen und Freude * Gott preisen und loben: Segen und Glück jederzeit
Grab	* symbolisiert ungelöste Lebenskonflikte, Ratlosigkeit, Unsicherheit * ein Grab schaufeln sehen: Todesnachricht von einem nahestehenden Menschen * selbst in ein Grab steigen: du wirst verleumdet werden * ein Grab zusammenstürzen sehen: Krankheit und Unglück in der Familie * auf einem Grab seinen eigenen Namen sehen: du solltest auf deine Gesundheit achten * selbst in einem Grab liegen: Todesfall eines*r Bekannten
Großeltern	* sehen: bevorstehender Todesfall * gemeinsam am Tisch sitzend: langes Leben * von ihnen ein Geschenk bekommen: Erbschaft
Großmutter/ Großvater	* sprechen oder sehen: ein gutes Vorhaben gelingt

H – Traumsymbole

Haar	* symbolisiert die Verbundenheit mit dem animalischen Leben * im übertragenen Sinne ein starkes erotisches Symbol * Haare waschen: Beunruhigung * Haare färben: du strengst dich für etwas an, das bereits verloren ist * die Haare anderer abschneiden: du erzielst Gewinn auf Kosten eines anderen * Haare kämmen: bevorstehende nächtliche Reise * Haare geschnitten bekommen: Kummer * Haare flechten: Wiederherstellung einer zerrissenen Verbindung * ausfallendes Haar: Begräbnis * gut frisiertes Haar: schöne Freundschaft * unfrisiertes Haar: Familienstreit
Hafen	* sehen: sorgloses Alter * in einen Hafen einlaufen: eine Hoffnung wird erfüllt
Halsband/ Halskette	* innere, persönliche und bei Frauen meistens esoterische Bindung wird verkleidet * sehen oder tragen: Liebesglück * mit Edelsteinen: Erbschaft von entfernten Verwandten
Haus	* symbolisiert den Körper der Menschen und seinen äußeren sowie inneren Zustand * ein Haus bauen: günstige Verhältnisse * ein Haus besitzen: sorglose Tage * sein eigenes Haus verlassen: neue Wege in der Zukunft * ein Haus brennen sehen: unerwartetes Glück * ein Haus zusammenstürzen sehen: bevorstehender Todesfall * ein Haus mit vielen Stockwerken: sehr großer Gewinn
Heimat	* Sehnsucht nach der Erfüllung, obwohl man zu oft in die Vergangenheit blickt * die Heimat verlassen: große zukünftige Sorgen um die Familie * die Heimat wiedersehen: glückliche Stunden

Hengst	* für Frauen: reines Sexualsymbol, Suche nach kraftvollem Leben * Männer auf Hengsten erhoffen sich die Erfüllung ihrer Träume
Herz	* Zustand spiegelt Befinden und Zustand deines Innersten wider * ein Herz sehen: du wirst herzlich geliebt * ein Herz bluten sehen: Beleidigung * ein krankes oder verwundetes Herz haben: Sorgen in der Verwandtschaft * Herzklopfen haben: Zuneigung * Herzlos sein: Not und Kummer
Himmel	* Ausgleich von Trost für die Unsicherheiten im Leben * einen blauen Himmel sehen: bevorstehende Freude * einen roten Himmel sehen: bevorstehende Zwistigkeiten * einen bewölkten Himmel sehen: Unbeständigkeit * einen trüben Himmel sehen: Verdrießlichkeiten * einen Himmel mit Sternen sehen: dein Wunsch geht in Erfüllung

I – Traumsymbole

Impfung	* eine Impfung bei Kindern sehen: du wirst einen machtlosen und schwachen Menschen gegen Übergriffe schützen
Indianer	* sehen: Verfolgung von hinterlistigen Menschen
Insekten	* Kleinigkeiten, die absichtlich zurückgedrängt wurden, haben ihre Bedeutung und machen sich durch Gewissensbisse bemerkbar * Insekten sehen: lästige Schwätzer treten in dein Leben * kleine unschädliche Insekten sehen: Gewinn und Erfolg * von großen Insekten gestochen werden: Krankheit oder Verlust * Insekten töten: du wirst Schwierigkeiten überwinden
Insel	* seelische Fluchtidee * eine Insel sehen: Trauer und Einsamkeit * auf einer Insel sein: du bekommst eine Anstellung * allein auf einer unbewohnten Insel sein: du suchst Einsamkeit und Ruhe * eine Insel verlassen: du wirst einen unsicheren Weg einschlagen
Irrweg	* auf einem sein oder einen sehen: lass dich nicht verleiten

J – Traumsymbole

Jäger	* sprechen und sehen: du wirst leichtsinnig sein
Jesus	* bei ihm sein: Ende aller Not dank Hilfe * Jesus am Kreuz sehen: du wirst von einem Leiden erlöst
Jungfrau	* Zeichen für innere Wandlung * Jungfrau bleiben: Entsagung * eine Jungfrau durch zügellose Bemerkungen beleidigen: du wirst bestraft * eine Jungfrau zur Frau begehren: du wirst willkommen sein * eine Jungfrau heiraten: gutes zukünftiges Hauswesen
Junggeselle	* einen sehen: Fröhlichkeit

K – Traumsymbole

Käfer	* einen finden: Erfolg und Gewinn * einen töten: Misserfolg
Kaffee	* Symbol des Heißen und der Anregung * einen schwarzen Kaffee trinken: Aufregung * einen Kaffee mit Milch trinken: du wirst eingeladen * einen Kaffee zubereiten: du bekommst angenehme Gäste * Kaffee mahlen: ruhiges Familienleben
Käfig	* du willst aus den gesellschaftlichen Normen ausbrechen * einen Käfig sehen: du wirst deiner Freiheit beraubt * einen leeren Käfig sehen: deutet auf eine Heirat und die unabhängige Gestaltung des eigenen Lebens hin
Kalender	* einen Kalender sehen: du erlebst eine unangenehme Überraschung * einen neuen Kalender kaufen: Freude für die Zukunft * einen alten Kalender wegwerfen: nach vielen Sorgen wird sich deine Situation verbessern
Kälte	* sei vorsichtig bei allem, was du tust
Kamm	* einen unsauberen Kamm sehen: nutzlose Bemühungen * einen Kamm kaufen: du bringst deine Angelegenheiten in Ordnung * einen Kamm benutzen: bevorstehender Lebenskampf * einen Kamm verlieren: Streit im Freundeskreis
Kampf	* du wehrst dich nicht genug gegen Anfeindungen * einen Kampf erleben oder sehen: künftige Feindseligkeiten, Neid und Hass
Karussell	* Reiztraum, oftmals auch Zeichen für Ohrenstörungen * Karussell sehen oder fahren: du wirst einen dummen Streich machen
Kerze	* männliches Sexualsymbol * eine Kerze kaufen: glückliches Ereignis * eine Kerze anzünden: langes Leben * eine heruntergebrannte Kerze sehen: Todesfall in der Familie
Kette	* dich bedrückt etwas, das du nicht mitteilen möchtest * mit einer Kette gefesselt sein: trübe Zukunft * eine Kette aus Eisen: langes Leben * eine goldene Kette sehen: Wohlstand

Kind	* deutet auf zukünftige Ziele & Pläne hin * ein Kind zeugen oder schwanger sein: Wunsch nach Nachwuchs * ein Kind bekommen: positive Veränderungen im Leben * eine Entbindung erleben: Neuanfang * in Frauenträumen: bevorstehender Entwicklungsprozess * Geburt eines Jungen: Stärke & Kraft für künftige Herausforderungen * Geburt eines Mädchens: Weiterentwicklung der weiblichen Seite
Kirche	* Symbol des Opfers, dabei steht jedoch eine Erfüllung oder die Opferung deines eigenen Glücks bevor * eine Kirche sehen: du wirst von einem ungerechten Vorhaben abgehalten * in eine Kirche gehen: Gottesfurcht * in einer Kirche beten: du erreichst etwas von dir Ersehntes * eine Kirche brennen sehen: schlechte Grundsätze * eine Kirche einstürzen sehen: bevorstehendes Unglück
Klippe	* eine Klippe sehen: du kommst erst nach ganz viel Arbeit zum gewünschten Erfolg
Knopf	* einen Knopf sehen: bringt Geld * eine Knopf verlieren: Untreue in der Liebe * einen Knopf annähen: du festigst deine Position
Koffer	* einen Koffer sehen oder kaufen: du erfährst ein Geheimnis * einen Koffer offen sehen: Warnung vor Dieben * einen kleinen Koffer geschenkt bekommen: angenehme Überraschung
Kreis	* Symbol des Lebens, Ablauf weist eine Geschlossenheit auf * einen Kreis sehen: Verleumdung * einen Kreis zeichnen: du findest keinen Ausweg aus einer Sache, in die du tief verwickelt wurdest * sich in einem Kreis befinden: du sollst in die Irre geführt werden
Kreuz	* ein Kreuz am Weg sehen: gute Botschaft * ein Kreuz tragen sehen: bringt Ungemach und Trauer * ein Kreuz tragen: künftiger Kummer

Krieg	* Krieg sehen: du wirst eine große Aufregung erleben * in einem Krieg in Gefangenschaft geraten: du begegnest einem starken Gegner, der dir schaden wird * Kriegsrüstungen sehen: Unheil
Krone	* goldene Krone: Eitelkeit * silberne oder Kronen mit minderwertigem Metall: du bekommst ein Geschenk * Blumenkronen: ungetrübte Freude steht bevor

L – Traumsymbole

Labyrinth	* ein Labyrinth sehen: ein Geheimnis wird aufgedeckt * sich in einem Labyrinth verirren: deine eigenen Geheimnisse führen dich in bedenkliche Situationen
Lachen	* deine Sorgen sind großer, als du denkst * selbst lachen: dich bedrücken Sorgen * andere lachen hören: du bekommst die Schadenfreude anderer zu spüren
Lähmung	* oftmals ein Warntraum * du kannst deine momentanen Schwierigkeiten nicht überwinden * warte lieber vorsichtig ab
Landschaft	* deutet auf eine unbefriedigte Sehnsucht hin * eine sonnige oder freundliche Landschaft sehen: Freude, Liebe und Glück * eine düstere Landschaft sehen: Sorgen und Kummer
Laterne	* du machst dir unnötige Gedanken * Laterne hat eine beruhigende Wirkung
Leiche	* ein Symbol erledigter Vorfälle, bei denen deine persönlichen Fragen jedoch noch nicht vollständig geklärt sind * eine Leiche sehen: bevorstehende Geburt oder Hochzeit im Familien- oder Freundeskreis * sich selbst als eine Leiche sehen: eine große Sorge wird bald befriedigt werden

Leiter	* Unsicherheit über Erfolg oder Misserfolg * eine liegende oder abgestellte Leiter sehen: lasse deine Chancen nicht ungenutzt an dir vorbeiziehen * eine Leiter tragen: du hilfst dir selbst oder jemand anderem aus einer ungünstigen Lage * eine Leiter an ein Fenster gelehnt sehen: bevorstehender Betrug oder Diebstahl * eine Leiter an ein Fenster lehnen: heimliche Absichten * eine Leiter herabsteigen: Misserfolg * eine Leiter hinaufsteigen: Erfolg
Leuchtturm	* einen Leuchtturm sehen: du wirst dich in eine unliebsame Lage begeben
Leute	* auf sich zukommen sehen: üble Nachrede * in schwarzer Kleidung sehen: bevorstehender Unfall
Licht	* Ursymbol * besondere Bedeutung, wenn es in Kombination mit anderen Zeichen auftritt * ein Licht sehen: Freude * ein Licht aus weiter Ferne sehen: du wirst Freude erleben
Liebe	* du bist einsam, worunter dein Körper und deine Seele leiden * Sehnsucht nach Liebe
Lippen	* entweder Reiztraum oder als Symbol erotischer Wünsche zu interpretieren * rote oder lachende Lippen sehen: Liebesglück oder herzliche Freundschaft * blasse Lippen sehen: eine Liebe oder eine Freundschaft erstickt * Lippenstift: Streit mit einer Frau
Loch	* Warntraum, symbolisiert eine Falle, die dir bald gestellt wird * ein Loch sehen: Warnung vor Unachtsamkeit * in ein Loch hineinkriechen: du gerätst entweder in eine Falle oder in eine schlechte Gesellschaft * in ein Loch hineinfallen: Störung durch andere Menschen
Lotterie	* wahrscheinlicher Fehlschlag oder Verlust * bestimmte Zahlen sehen: du solltest dir ein Los kaufen, welches die von dir gesehenen Zahlen enthält

Löwe	* Symbol großer Kampfkraft * einen Löwen in Freiheit sehen: es wird ein mächtige*r Gegner*in auf dich zukommen * von einem Löwen angegriffen werden: Warnung vor einer bevorstehenden Gefahr * einen Löwen besiegen: du wirst einen Feind unschädlich machen * einen toten Löwen sehen: eine Feindschaft verliert an Einfluss
Luftballon	* Spekulationswünsche bezüglich deines eigenen Lebensweges * einen Luftballon fliegen sehen: du wirst getäuscht * mit einem Luftballon fliegen: du wirst fehlerhaft handeln * einen Luftballon abstürzen sehen: du wirst das Opfer einer Täuschung * mit einem Luftballon abstürzen: Lebensgefahr durch einen Irrtum oder eine Fehlhandlung

M – Traumsymbole

Masken	* symbolisiert die Angst vor der Wahrheit * oftmals bist du dir über deine eigene Seele oder über eine andere Person im Unklaren * Masken sehen: Warnung vor falschen Freunden * selbst eine Maske tragen: du bist ein*e gute*r Schauspieler*in des Lebens * Maskenball: du spielst mit den Gefühlen anderer Menschen
Mauer	* symbolisiert Schutz oder Hindernisse * eine Mauer vor sich sehen: auf deinem Weg wirst du auf Hindernisse stoßen * eine unüberwindbare Mauer vor sich sehen: du wirst dein erstrebtes Ziel nicht erreichen * über eine Mauer steigen: Überwindung von Hindernissen * von einer Mauer stürzen: etwas wird dir misslingen

Meer	* etwas Neues steht bevor * ein stilles Meer sehen: sonnige Zukunft * ein stürmisches Meer sehen: dir steht ein schwerer Kampf bevor * in einem Meer baden: du wirst Alltagssorgen für einen kurzen Augenblick hinter dir lassen können * in einem Meer ertrinken: Befreiung aus einer bedrohlichen Lage
Messer	* Ausdruck eines gefährlichen Kraftausbruches * ein Messer sehen: Trennung * sich mit einem Messer schneiden: eine Enttäuschung trifft ein * Messer und Gabel sehen: du bekommst eine Einladung oder empfängst selbst Gäste
Milch	* oftmals Sexualsymbol * gut, wenn sie klar ist, und bedrohlich, wenn sie trüb ist * Milch sehen: du erlebst eine reine Freude * Milch trinken: du wirst dich sehr beliebt machen * saure Milch: Ärger steht bevor
Mond	* einen Mond sehen: bevorstehende Veränderungen * ein klarer Mond: wechselnder Gewinn, wechselndes Glück * Mond hinter Wolken: trübe Stunden kommen auf dich zu * voller Mond: große Auszeichnung
Mondfinsternis	* drohende Schwierigkeiten und Verluste
Mord	* ein Lebensabschnitt wird gewaltsam abgeschlossen * das Unglück eines anderen bringt dir selbst Vorteile * selbst einem Mord zum Opfer fallen: andere nutzen deine Not aus
Mühle	* Streben nach Sicherheit * heimliche Befürchtung, dass du dein Ziel nicht erreichen wirst
Münzen	* sexuelles Zeichen * Geldmünzen sehen: Warnung vor geplanten Ausgaben und Geschäften
Muschel	* eine Muschel sehen: eine zurückliegende Sache wird aufgeklärt * eine Muschel finden und öffnen: ein wohlgehütetes Geheimnis wird offenbart

N – Traumsymbole

Nacht	* symbolisiert Gefahren im Unbewussten * innere Warnung * dunkle Nacht: schwere Zeiten sind in Aussicht
Nachtlicht	* ein Nachtlicht nutzen: Unruhe
Nackt	* seelische Probleme * einen schönen Menschen des anderen Geschlechts nackt sehen: Befriedigung der eigenen Sehnsucht * einen hässlichen Menschen des anderen Geschlechts nackt sehen: Schaden durch eine Affäre
Nase	* Potenzfrage * kann eine Warnung für Gehirnerkrankungen sein * eine große, auffällige Nase sehen: du solltest dich nicht in die Angelegenheiten anderer einmischen * keine Luft mehr durch die Nase bekommen: bevorstehende Schwierigkeiten * eine blutende Nase haben: Vermögensverlust
Nebel	* Unklarheiten bezüglich deiner Zukunft * Nebel vor sich sehen: unvorhergesehene Schwierigkeiten kommen auf dich zu, die du aber überwinden kannst * nichts mehr im Nebel erkennen können: du wirst vor eine Aufgabe gestellt, die du anhand deines Gefühls und deines Verstandes lösen musst
Netz	* sexuell zu interpretieren * bei Frauen: Verlangen nach Intimität * bei Männern: Bindung eingehen
Neuigkeiten	* Neuigkeiten erfahren: du wirst einen Brief aus der Ferne bekommen

Neujahr	* eine fröhliches Neujahr: das nächste Jahr bringt Sorgen und Kummer mit sich * ein nachdenkliches Neujahr: das nächste Jahr bringt Segen und Freude * ein trauriges Neujahr: das nächste Jahr lässt einen alten Wunsch wahr werden
Neun	* bei Frauen: Kinderwunsch * bei Männern: Wunsch nach Familiengründung * Zahl 9 sehen: du wirst in der nächsten Zeit mit all den Dingen, die eine 9 enthalten, Glück haben
Notizbuch	* Unordentlichkeit * in einem Notizbuch schreiben: jemand kommt einer deiner Verpflichtungen nach, die du selbst vergessen hast * in einem Notizbuch blättern: Erinnerung an etwas Unangenehmes * ein Notizbuch verlieren: Verlust aufgrund eigener Vergesslichkeit
Null	* niemals als Nichts zu interpretieren * als runde Sache: sexuell zu interpretieren * viele Nullen sehen: geschäftliche Erfolge

O – Traumsymbole

Obst	* fast immer ein Sexualsymbol * Obst anbieten: um die Gunst von anderen werben * Obst angeboten bekommen: Warnung vor einer Versuchung * süßes Obst essen: Gelingen eines Planes * bitteres Obst essen: ein Vorhaben weist Schwierigkeiten auf * unreifes Obst sehen: Erkrankung * faules Obst sehen: du musst vorsichtig sein, dass du wegen einer Sache nicht verspottet wirst
Ofen	* Potenzfrage, sexuelles Symbol * einen Ofen heizen: brennt das Feuer, deutet er auf schöne Stunden Zuhause hin, und brennt es nicht, wird es Streit geben * einen geheizten Ofen sehen: behagliches Heim * einen kalten Ofen sehen: frostige Umgebung
Ohnmacht	* in eine Ohnmacht fallen: Erbschaft
Oliven	* Symbol der Erotik * Oliven am Baum sehen: Erfolg in der Liebe * Oliven selbst pflücken: Mahnung * faule Oliven: Treulosigkeit in der Liebe * Olivenbaum: Glück * Olivenzweig: Fortschritt
Operation	* Warntraum * gewaltsamer Eingriff steht bevor
Orgie	* eine Orgie sehen: Warnung vor schlechtem Umgang * an einer Orgie teilnehmen: du bekommst einen schlechten Ruf
Orkan	* einen Orkan wüten sehen: schwerer Verlust * aufgrund eines Orkans in Gefahr sein: es droht Lebensgefahr
Ostern	* Auferstehung, Umstellung

P – Traumsymbole

Paket	* sexuell zu interpretieren * ein Paket durch die Post zugestellt bekommen: gute Geschäfte * ein Paket mit Gold: Reichtum * ein leeres Paket erhalten: schlechte Geschäfte
Palast	* Wunschtraum, der durch eine momentane Notlage veranlasst wird * ein unschönes Erwachen als Folge * einen Palast sehen: Verlust persönlicher Freiheit * in einem Palast wohnen: böses Erwachen
Palme	* sexuelles Symbol * betont besonders die männliche Kraft * eine Palme im Freien sehen: ein lang gehegter Wunsch geht in Erfüllung
Panther	* Warntraum vor falschen Menschen
Papagei	* einen Papagei sehen oder sprechen hören: dein Geheimnis wird verraten
Paradies	* ein Paradies sehen: glückliche Zeit * sich im Paradies befinden: Warnung vor Übermut
Parfüm	* ein Parfüm kaufen oder sich selbst einsprühen: du möchtest die Gunst von jemand anderem gewinnen * ein Parfüm geschenkt bekommen: jemand verbirgt dir gegenüber etwas * ein Parfüm verschenken: Erfolg im Werben um die Gunst von jemand anderem
Park	* Wunschtraum * Sehnsucht nach Anspannung und Ruhe * einen Park sehen: wohlhabende Freude * in einem Park spazieren: schönes Fest steht bevor
Perlen	* Scheinglanz * Perlen sehen: Tränen * Perlen schenken: eine gute Tat nimmt ein negatives Ende * Perlen geschenkt bekommen: ein kostbares Geschenk bringt Kummer mit sich * Perlen tragen: innerliches Leid *

Perücke:	* eine Perücke selbst tragen: Minderwertigkeitskomplexe * eine Perücke sehen: du solltest dich nicht täuschen lassen
Pfad	* einen Pfad vor sich sehen: heimliches Glück * einen Pfad entlanggehen: du gehst deinen eigenen Weg, ohne andere zu beachten * ein enger Pfad: dein Glück ist nur halb * ein breiter Pfad: Glück
Pfau	* Ursymbol, Suche nach neuen Wegen
Pfeil	* Minderwertigkeitsgefühle * du solltest die Pfeile, die auf dich abgeschossen werden, erwidern * einen Pfeil sehen: nahes Unheil steht bevor * einen Pfeil abschießen: durch Selbstverschuldung beschwörst du Unheil herauf * von einem Pfeil getroffen werden: ernste Katastrophe
Pferd	* Ordnung des seelischen Lebens, meistens auch in Ordnung des sexuell-erotischen Lebens * freies Pferd: Unabhängigkeit * Pferd im Stall: Wohlstand
Pflanze	* eine Pflanze sehen: vorteilhafte Heirat
Pfütze	* bevorstehendes Unglück
Pilz	* Sexualsymbol * Warnung, sich nicht von Verführungen vergiften zu lassen
Pistole	* eine Pistole sehen: Feindschaft oder Streit * mit einer Pistole schießen: Feinde treten dir nicht offen gegenüber, sondern wollen dich durch Verleumdungen intrigieren
Plakat	* ein Plakat sehen: bevorstehende Aufregung
Pokal	* einen goldenen oder silbernen Pokal bekommen: Ehrenamt oder Erbschaft * aus einem goldenen oder silbernen Pokal trinken: Genesung * einen Pokal zerbrechen: Krankheit
Prinzessin	* eine Prinzessin sehen oder mit einer sprechen deutet auf die Gunst einer Frau hin

Puppe	* Lebenswünsche wollen umgesetzt werden, machen sich bemerkbar * eine Puppe sehen: Warnung, nicht mit den Gefühlen anderer zu spielen * bei Frauen: Familienzuwachs * bei Männern: Warnung, von einer nicht angebrachten Liebschaft abzulassen
Pyramide	* eine Pyramide sehen: du findest deinen Weg zum fernen Glück und erlebst eine tolle Offenbarung

QU – Traumsymbole

Quadrat	* Ursymbol der Vierheit * symbolisiert Stabilität und Stärke * ein Quadrat sehen: du kannst durch deine Zuversicht alles an seinem Platz halten
Quasten	* Quasten sehen: Ansehen und Ehre

R – Traumsymbole

Rabe	* Symbol düsterer Gedanken * einen Raben sehen: drohender Diebstahl * mehrere Raben sehen: Unheil * Raben schreien hören: schlechte Nachrichten
Rad	* Kreissymbol der Zeitlosigkeit * ein Rad sehen: bevorstehende Veränderung -> je schneller sich das Rad dreht, umso größer ist die Veränderung, stillstehende Räder deuten entweder auf unbedeutende oder sogar nachteilige Veränderungen hin
Rakete	* Warntraum, nicht über normale Ziele hinaus zu schießen
Rätsel	* Auskunft
Ratte	* deine Lebenskraft wird zerstört
Rauch	* deine Gesundheit ist in Gefahr, Nervenreizung * dunklen oder schwarzen Rauch sehen: große Widerwärtigkeiten * weißen Rauch sehen: Glück von kurzer Dauer
Regen	* immer in Kombination mit Zustand und Farbe interpretieren * Regen sehen: es kommen bessere Zeiten * nass vom Regen werden: dein Glück findest du dort, wo du es nicht erwartest * Regen bei Sonne: Glück unter Tränen
Regenbogen	* einen Regenbogen sehen: Aussöhnung mit Gegnern
Regenschirm	* einen Regenschirm sehen: unnötige Angst * einen Regenschirm bei Regen aufspannen: du nimmst dein eigenes Glück nicht wahr
Reifen	* deutet darauf hin, dass du neue Verbindungen pflegen sollst
Reise	* du solltest eine neue Grundlage deines Lebensweges finden * eine Reise machen: wechselnde Freundschaften
Riese	* Ursymbol des Mannes, Triebleben nimmt zu * einen Riesen sehen: größere Erfolge * von einem Riesen verfolgt werden: ein gewagtes Unternehmen wird gelingen * von einem Riesen Hilfe bekommen: großer äußerer Erfolg
Riesenrad	* ein Riesenrad sehen: du wirst für einige Stunden in das Land deiner Träume eintauchen * mit einem Riesenrad fahren: eine Hoffnung wird zerschlagen

Ring	* Warnung, dass du dir Bindungen, zu denen du kein großes Verlangen spürst, gut überlegen solltest * einen Ring finden: du wirst dich verlieben * einen Ring sehen: bevorstehende Bindung zu anderer Person * einen Ring an den Finger stecken: Warnung vor beabsichtigtem Seitensprung * einen Ring vom Finger nehmen: böse Folgen eines Seitensprunges * einen Ring verlieren: vorrübergehende Trennung * jemandem einen Ring schenken: eine lang ersehnte Liebesbeziehung oder Freundschaft gelingt nicht * einen Ring geschenkt bekommen: du wirst eine tolle Liebesbeziehung oder gute Freunde finden * ein zerbrochener Ring: Treuebruch
Rose	* Zeichen seelischen Reichtums * eine blühende Rose sehen: du bist verliebt * eine weiße blühende Rose sehen: reine Liebe * eine rote blühende Rose sehen: du bist von leidenschaftlicher Liebe erfüllt * Rosen verschenken: vergebliches Hoffen auf Liebe * welke Rosen: Trennung und Enttäuschung
Rot	* Ausdruck der Leidenschaft und der Männlichkeit * rot als Farbe: Symbol des Feuers, der Hitze und der Glut * rote Flammen: sehr positiv * rot in den Augen: Freude
Ruine	* Angsttraum * Furcht vor materiellem Verlust, auch Potenzverlust * eine Ruine sehen: frühere Erinnerungen werden durch ein Ereignis geweckt * in einer Ruine sein: du wirst ein seltsames Erlebnis haben

S – Traumsymbol

Sack	* Potenztraum * einen leeren Sack sehen: Mangel * einen vollen Sack sehen: zweifelhafter Gewinn
Sand	* Sand sehen: unsichere Verhältnisse * im Sand liegen: Existenzgefährdung * Sanduhr: Tod oder Trennung * Sandsturm: Zusammenbruch bisheriger Errungenschaften
Sarg	* inneres Abschiednehmen * einen leeren Sarg sehen: unnötige Zukunftssorgen * einen Sarg mit einer Leiche sehen: Unglück in der Ehe * sich selbst in einem Sarg liegen sehen: glückliches Eheereignis
Säule	* Symbol der Stütze und der Hilfe * eine Säule sehen: du findest sicheren Halt in einer schwierigen Situation * eine Säule errichten: Freundschaften entstehen aus eigens erzieltem Erfolg
Schach	* Schach sehen: Aufruf zur Vorsicht * Schach spielen: du erlangst viele Vorteile durch eine kluge Partnerschaft
Schachtel	* eine Schachtel sehen oder kaufen: du erfährst ein Geheimnis * eine offene Schachtel sehen: Warnung vor Dieben
Schaden	* einen Schaden erleiden: Warnung und Appell zum schlaueren Handeln * jemandem einen Schaden zufügen: du erleidest durch deine eigene Schuld schweren Schaden
Schale	* als Quelle der Erholung zu interpretieren * eine Schale zum Trinken sehen: schöne Erholung vom Alltag * eine Schale zerbrechen: ruhelose Stunden
Schatten	* Warntraum, eine Klärung zu finden * einen Schatten von Gegenständen sehen: Beängstigung durch eingebildete Gefahren * seinen eigenen Schatten sehen: Kummer * Schattenspiele sehen: du wirst Opfer eines Betruges

Schatz	* meistens eine Fragestellung danach, ob sich das Leben lohnt * einen vergrabenen Schatz finden: ein*e Freund*in verrät dich * einen Schatz finden: schwere Geldverluste
Schaukel	* symbolisiert das Auf und das Ab des Lebens * eine Schaukel sehen: Warnung vor Unentschlossenheit * auf einer Schaukel sitzen: Hin- und Herziehen zwischen Gefühlen
Scherben	* Scherben sehen: Warnung vor Übermut * Scherben machen: Glück
Schere	* eine Schere sehen: eine Frau verschuldet eine Trennung * mit einer Schere schneiden: Lösung des Verhältnisses zu einer Frau
Schiff	* Änderung des Lebensweges * ein Schiff sehen: Veränderung oder Wechsel * auf einem Schiff sein: eine beabsichtigte Änderung sollte nochmals gut überlegt sein
Schild	* missgünstige Freunde
Schirm	* Schutztraum * einen Schirm sehen: größeres Zurückziehen in der Zukunft
Schlange	* sexuelles Ursymbol * eine Schlange sehen: Warnung vor der Hinterlistigkeit einer Frau
Schlüssel	* erotisch zu interpretieren * einen Schlüssel sehen: Hinweis auf Geheimnis * einen Schlüssel verlieren: die Sache, die du gerne erfahren möchtest, wirst du nicht lösen können * einen fremden Schlüssel finden: du kommst hinter das Geheimnis eines anderen
Schmetterling	* bevorstehender Wechsel * einen Schmetterling sehen: du hast eine*n unzuverlässige*n Freund*in * einen Schmetterling fangen: du ertappst jemanden bei einer Untreue

Schraube	* eine Schraube sehen: halte das fest, was dir gehört * eine Schraube drehen: Herstellung einer dauerhaften Verbindung * eine lockere Schraube: Gefahr, dass eine nützliche Verbindung zerstört wird * eine Schraube verlieren: Verlust einer nützlichen Verbindung
Schuh	* weibliches Sexualsymbol * einen Schuh sehen: viele künftige Laufereien * Schuhe kaufen: Versprechungen werden gemacht
See	* neue Entscheidungen treten auf * einen See sehen: du triffst mit jemandem zusammen, der sehr tiefgründig ist * Seefahrt: Glück * Seehafen: Leben in Zufriedenheit * Seesturm: Kummer
Seifenblasen	* Seifenblasen sehen: hüte dich vor Illusionen, denn es kann bittere Enttäuschungen geben * Seifenblasen machen: eine Illusion endet in einer Enttäuschung
Silber	* Reichtum
Soldat	* dringliche innere Aufforderung, dass du dich in deinem Leben einordnen und diszipliniert sein solltest * einen Soldaten sehen: bei Frauen: vorrübergehende Liebschaft; bei Männern: unruhige Tage in der Zukunft
Sonne	* Energiesymbol * bei schwerkranken Menschen als schlechtes Zeichen zu interpretieren * goldene, aufgehende Sonne: besonders glückliches Ereignis * blutrote, aufgehende Sonne: harter zukünftiger Kampf * Sonne hinter Wolken verschwinden sehen: vorübergehender Kummer
Sonnen-finsternis	* schwerwiegende Ereignisse in der Zukunft, welche große Verluste mit sich bringen könnten

Spiegel	* deuten auf den Versuch hin, mit sich selbst ins Reine zu kommen, der jedoch scheitert * einen Spiegel sehen: Mahnung zur Selbsterkenntnis * sich selbst in einem Spiegel anschauen: du erkennst einen Fehler an dir selbst * einen Spiegel zerbrechen oder einen zerbrochenen Spiegel sehen: du wirst eines Besseren belehrt
Spinne	* Mahnung, vorsichtig zu sein * besonders vorsichtig solltest du im Umgang mit Frauen sein * Gehirnreizungen sind möglich * eine Spinne sehen: dein Glück hängt am seidenen Faden
Springbrunnen	* einen Springbrunnen sehen: kostspieliges Vergnügen
Stadt	* innerlicher Wunsch, sich in großer Gesellschaft zu erleben * eine große Stadt sehen: Unruhe im Leben * eine kleine Stadt sehen: Versprechung einer behaglichen Zeit
Stempel	* Verfestigung der eigenen Position
Stern	* deine Lebensziele werden ausgeweitet, deine Pläne werden vielfältiger * einen Stern am Himmel sehen: erfolgreiche Tage
Straße	* Traum ist erotisch geprägt * eine belebte Straße einer Stadt sehen: viele interessante Neuigkeiten * eine wenig belebte und enge Straße sehen: Klatschereien
Sturm	* vor einem sicheren Ort einen Sturm toben sehen: Existenzgefährdung * sich in einem Sturm befinden: große Verluste und Schwierigkeiten

T – Traumsymbole

Tal	* Symbol der Tiefe des Lebensweges * ein Tal sehen oder darin laufen: ist das Tal ruhig, stehen glückliche Zeiten bevor, und ist das Tal düster, stehen Verluste bevor
Tasse	* sexuell zu interpretieren * Gefäße symbolisieren unsere Wünsche * eine Tasse sehen oder aus einer trinken: Besuch einer Freundin * eine Tasse zerbrechen: der Besuch einer Freundin bringt große Vorteile
Teich	* Fruchtbarkeitstraum * Teich mit klarem Wasser: du findest eine*n neue*n Freund*in * Teich mit trübem Wasser: du ertappst eine*n Freund*in bei einer Treuelosigkeit * Teich mit vielen Fischen: reichlicher Geldzufluss * Teich mit toten Fischen: Geldverlust
Tiere	* eigene Triebwünsche werden eingeschaltet * viele zahme und wilde Tiere: du begibst dich in Gefahr
Tiger	* Warntraum, weil das primitive Triebleben die Oberhand gewinnt * einen Tiger sehen: eine rachsüchtige Person setzt dir spürbar zu * von einem Tiger verfolgt werden: eine rachsüchtige Person fügt dir großen Schaden zu
Tod	* eindeutiger Abschluss eines Kapitels des Lebens
Tor	* Angsttraum * Versperrung des Lebensweges durch Schwierigkeiten, für dessen Beseitigung du viel Kraft aufbringen musst * ein offenes Tor sehen: unangenehmer Besuch steht bevor * durch ein offenes Tor gehen: ein freundlicher Mensch nimmt dich auf * ein verschlossenes Tor sehen: du wirst von jemandem unfreundlich empfangen
Tot	* sich selbst tot sehen: Glück
Tränen	* Suche nach innerer Beruhigung * Tränen sehen: Freude

Treppe	* eine Treppe sehen: Mahnung, auf deinen Ruf zu achten * eine Treppe hinaufsteigen: du bekommst einen schlechten Ruf * eine Treppe hinunterlaufen: du bist herzlich willkommen bei den Menschen, die du bald besuchen möchtest
Tunnel	* vor dir liegt Ungewissheit, die nicht auf eine bessere Zukunft hoffen lässt * einen Tunnel sehen oder durchfahren: trübe Tage
Turm	* einen Turm sehen: Gelingen eines großen Wurfes * einen Turm einstürzen sehen: ein erhoffter Wurf scheitert

U – Traumsymbole

Überfall	* seltsame Wünsche brechen durch
Überraschung	* lasse Vorsicht walten
Über-schwemmung	* Gefährdung durch eigene Gefühle und Triebe
Ufer	* Lebensumstellung * Unwissenheit, welche Richtung du einschlagen sollst
Uhr	* Symbol der Angst, dass dein Leben zu schnell verstreicht * eine Uhr sehen: entscheidende Stunden nahen heran
Umarmung	* Warntraum * durch eine Täuschung entsteht eine potenzielle Gefahr * eine Umarmung sehen: du gerätst in die Klauen gewissenloser Menschen, wenn du unvorsichtig bist
Umweg	* einen Umweg machen: langsames Erreichen deines Zieles
Unfall	* Warntraum, vorsichtig im Straßenverkehr zu sein * einen Unfall sehen: Warnung vor Verkehr mit leichtsinnigen Menschen * einen Unfall erleben: der Verkehr mit leichtsinnigen Menschen führt zu Nachteilen
Unkraut	* Warntraum, vorsichtig in seiner Umgebung zu sein * Unkraut sehen: Bekanntschaft mit einem Nichtsnutz * Unkraut rausreißen: Verbesserung des Einkommens
Urne	* eine Urne sehen: bevorstehendes trauriges Erlebnis

V – Traumsymbol

Vampir	* negative Interpretation * primitive Instinkte * einen Vampir sehen: du läufst Gefahr, einem Ausbeuter zum Opfer zu fallen
Vase	* bei Frauen: Mahnung der männlichen Natur * bei Männern: Auseinandersetzung mit vorgesetzten Gewalten
Verbot	* ein Verbot entlassen: Erringung von Vorteilen
Verfolgen	* jemanden verfolgen: du kannst einen begangenen Fehler nicht mehr gutmachen * verfolgt werden: jemand hat dir Unrecht getan und versucht, es wieder gutzumachen
Verhaftung	* die Verhaftung eines anderen sehen oder selbst verhaftet werden: dein Versuch, andere zu täuschen, gelingt nicht
Verletzung	* dem Opfer wird eine Veränderung aufgezwungen
Vermögen	* Vermögen haben oder bekommen: finanzielle Sorgen
Verspätung	* du hast den Anschluss im Leben verpasst oder bist in Gefahr, den richtigen Moment zu verpassen
Vertrag	* einen Vertrag abschließen: drückende Verpflichtungen
Vorhang	* einen Vorhang sehen: Geheimnis * einen Vorhang zur Seite schieben: Aufdeckung eines Geheimnisses

W – Traumsymbole

Waage	* eine Waage sehen: die Zukunft bringt wichtige Entscheidungen
Waffen	* beinahe immer eine sexuelle Bedeutung * Waffen sehen: Mahnung, vorsichtig zu sein, Ankündigung von Streit
Wahrheit	* Rechtschaffenheit
Wand	* eine Wand sehen: du erreichst etwas Erstrebtes nicht
Wasser	* der Wasserzustand entspricht dem inneren Seelenbefinden * klares Wasser sehen: Gewinn und Erfolg * trübes Wasser sehen: unsichere Verhältnisse
Wasserfall	* einen Wasserfall sehen: Ruin eines Familienmitgliedes
Weg	* Voranschreiten im Leben * einen geraden Weg vor sich sehen: dein Leben verläuft in naher Zukunft nach deinen Wünschen * einen gewundenen Weg sehen: du gelangst zu deinem Ziel auf Umwegen * Wegweiser: du bist auf dem falschen Weg
Weltall	* das Weltall sehen: vergebliches Hoffen auf das Ende eines Zustandes
Wind	* Entladung geistiger Energien * einem ins Gesicht wehender Wind: Hemmungen * Wind im Rücken: gutes Vorwärtskommen
Windmühle	* eine Windmühle sehen: unsichere Verhältnisse
Wolke	* Verdunklung als Symbol der Verdunklung einer klaren Situation * zarte weiße Wolke: verträumte Stunden * dunkle schwere Wolke: sorgenvolle Tage
Wunder	* Wunder sehen: Staunen über das Benehmen von Freunden

X – Traumsymbole

X-Beine	* der geplante Weg ist beschwerlicher als gedacht * X-Beine sehen: du wirst einer persönlichen Kritik unterzogen * X-Beine haben: du wirst für ein nicht verschuldetes Malheur verantwortlich gemacht
Xylophon	* ein Xylophon sehen oder hören: seltener Genuss * ein Xylophon spielen: du entdeckst ein Talent, das du bisher noch nicht kanntest

Y – Traumsymbole

Yankee	* ein Yankee sehen oder mit einem verkehren: Erfolg dank Unternehmungsgeist

Z – Traumsymbole

Zahl	* Glückstraum * hat schon oft im Spiel Glück gebracht
Zahn	* sexuelles Symbol * schöne Zähne bei anderen: wohlhabende Bekannte und Freunde * schöne Zähne haben: viele Vorteile in nächster Zeit * schlechte Zähne bei anderen: unvorteilhafte Bekanntschaften * schlechte Zähne haben: materielle Verluste * ausfallende Zähne: Krankheit * falsche Zähne bei anderen sehen: Warnung vor Hochstaplern * selbst falsche Zähne haben: Erzielung eines Scheingewinnes * Zahnschmerzen haben: unerwartete Geldausgaben reißen große Löcher in deine Kasse * Zahnstocher sehen: finanzielle Erleichterung
Zange	* gefährliche Zwangslage moralischer Art
Zauberer	* Überschätzung deiner eigenen Person * einen Zauberer sehen: du findest auf eine schwierige Frage eine einfache Lösung
Zaun	* du kannst Hindernisse durch Eigeninitiative beseitigen * einen Zaun sehen: Hindernisse * über einen Zaun klettern: Überwindung von Hindernissen

Zeichnung	* eine Zeichnung sehen: du wirst vor eine bereits vollendete Tatsache gestellt
Zeitung	* Angst, dass andere Menschen dein Geheimnis erfahren könnten * eine Zeitung sehen oder eine lesen: du findest dich in einer Angelegenheit nicht mehr zurecht, weil dir jeder einen anderen Rat gibt
Zelt	* ein Zelt sehen: du willst hinaus in die Welt
Zettel	* du verzettelst dich mit Kleinigkeiten und machst dir dadurch dein Leben schwer * einen Zettel sehen: etwas Kleines bereitet dir Kopfschmerzen
Zug	* zu einem Zug eilen: viele Neuigkeiten * trotz der Eile den Zug verpassen: du willst Unmögliches erreichen * einen Zug sehen: Abschied * mit einem Zug fahren: gutes und schnelles Vorankommen * aus einem Zug steigen: du erreichst deine Ziele